# ZENB

広報チームが知っている

# からだにいいのに ちゃんと、おいしいPASTA

## ベストレシピ140



KADOKAWA

## 「パスタが大好き！
## だけど健康のためにも、毎日はちょっと……」

**そんな人にこそ、知ってほしい。**

**からだにいいのにちゃんとおいしいパスタ、**

**ゼンブヌードルを味わい尽くす一冊です。**

糖質制限やダイエットなどで主食を控えている人も多いなか、おいしく食べ続けることで「健康になれる主食」があればいいのに……そうした思いから生まれたのが、ゼンブヌードルです。

ゼンブヌードルの材料は「黄えんどう豆」100％。「おいしい」と「からだにいい」の両立を目指し、100種以上の植物を試した末にたどり着いた材料です。

完成までに費やした時間は3年。開発当初のヌードルは、すぐに切れたり食感がぼそぼそだったり……数えきれない失敗を繰り返し、改良を重ねてきました。こうして実現したゼンブヌードルは、小麦のパスタに負けないおいしさ、もちっとした食感で有名シェフや料理家をはじめ多くの人の支持をいただくようになりました。

本書は、ゼンブヌードルのWEBサイトに掲載する600以上のレシピから、とくに人気が高いものだけを厳選してまとめた一冊です。「からだにいい」だけじゃない、ちゃんと「おいしい」。そんなゼンブヌードルの魅力を、ぜひ本書のレシピで味わい尽くしていただけたらうれしいです。

## ゼンブヌードルの材料は
## スーパーフード「黄えんどう豆」100％

ゼンブヌードルは小麦やつなぎは使わず、黄えんどう豆だけで作った麺。日本ではあまり聞き慣れませんが、北欧などでは古くから愛されてきた食材です。ヘルシーで栄養価が高いことからスーパーフードとして注目され、プロテインの原料としても使われています。

### そもそも
### スーパーフードとは？

栄養バランスに優れ、一般的な食品より栄養価が高いことが特徴。昔から人々に親しまれ、料理の食材としての用途と健康食品としての用途をあわせもつ食品のことを指します。

［黄えんどう豆の栄養素］
（小麦を100％とした場合）

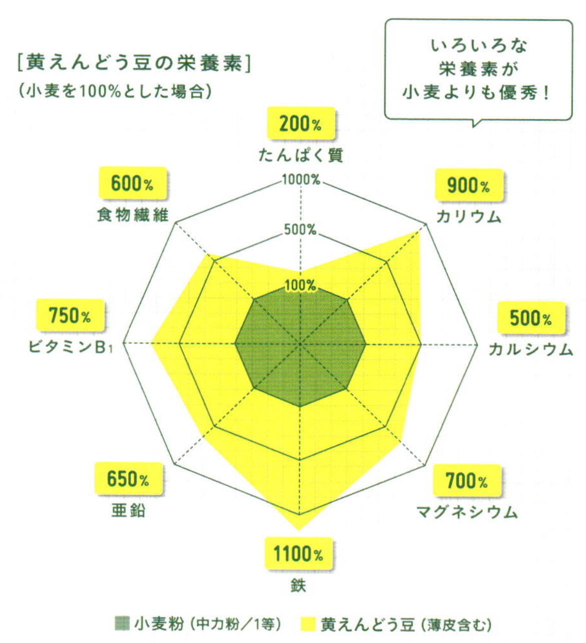


■小麦粉（中力粉／1等）　■黄えんどう豆（薄皮含む）

※参照：文部科学省「日本食品標準成分表2020年版」（八訂）。グラフは各素材100gに含まれる栄養素から算出。黄えんどう豆（薄皮含む）はZENB調べ

# ゼンブヌードル5つのからだにいい!

ゼンブヌードルのからだにいいこと 1.

## いつものパスタより糖質30%オフ

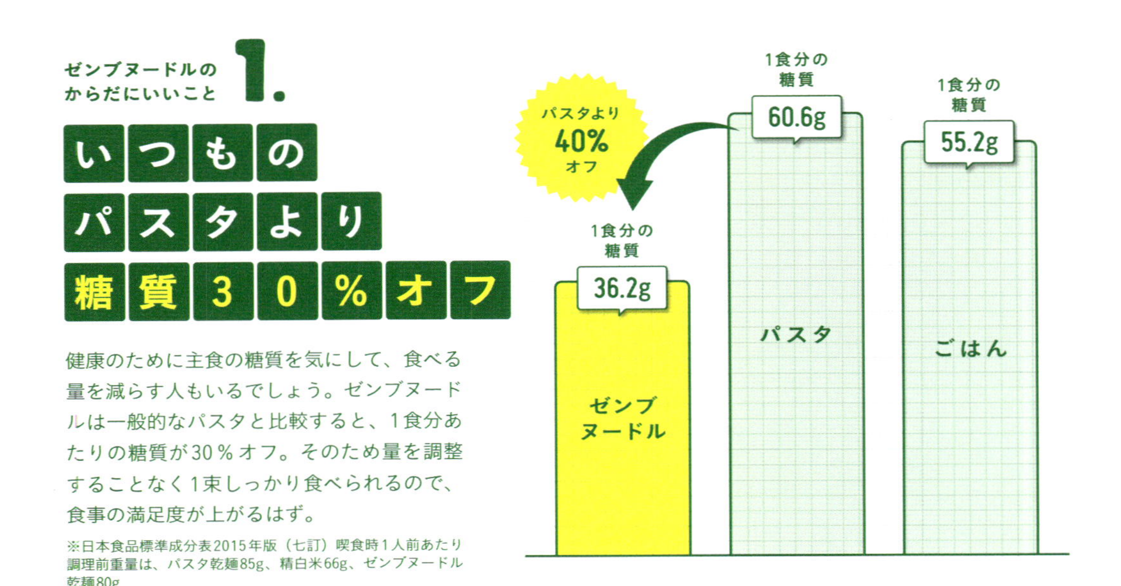


健康のために主食の糖質を気にして、食べる量を減らす人もいるでしょう。ゼンブヌードルは一般的なパスタと比較すると、1食分あたりの糖質が30%オフ。そのため量を調整することなく1束しっかり食べられるので、食事の満足度が上がるはず。

※日本食品標準成分表2015年版（七訂）喫食時1人前あたり 調理前重量は、パスタ乾麺85g、精白米66g、ゼンブヌードル乾麺80g

ゼンブヌードルのからだにいいこと 2.

## 食物繊維を1日分の1/2量摂れる

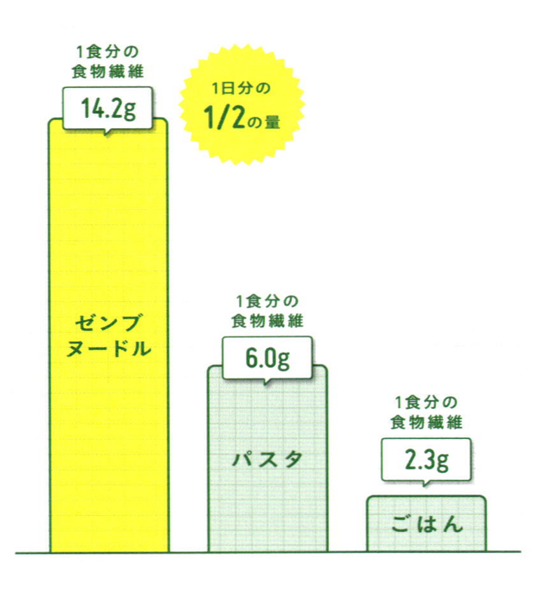


不足しがちな食物繊維は腸活でも注目される健康維持に欠かせない栄養素。しかし、平成29年の「国民健康・栄養調査報告」によるととくに若い世代で食物繊維の摂取量が不足しているとの結果が出ています。ゼンブヌードルに含まれる食物繊維は1食あたり約14gと、厚労省が推奨する1日摂取目標量の1/2※をカバー。日々の食物繊維の補給をサポートしてくれます。

※ 食物繊維の1日あたりの摂取目標量は、「日本人の食事摂取基準（2020年版）」の「18〜64歳の男性・女性」による値より算出

ゼンブヌードルの
からだにいいこと **3.**

## 豆100%の グルテンフリーパスタ

欧米を中心にグルテン（小麦由来のたんぱく質）が、からだに合わない人たちの食生活が取り上げられ、世界中で注目を集めるようになった「グルテンフリー」。黄えんどう豆100％で作られるゼンブヌードルもグルテンフリー食品※にあたります。パスタが好きだけど、グルテンフリー生活のために控えている……そんな人たちにとって、ゼンブヌードルは心強い置き換え食です。

※ 本製品はグルテン濃度を10ppm以下で管理。製造工場等では小麦を含む製品も製造しているためアレルギー症状のある方は、医師に相談を

ゼンブヌードルの
からだにいいこと **4.**

## たんぱく質は ごはんの3.6倍

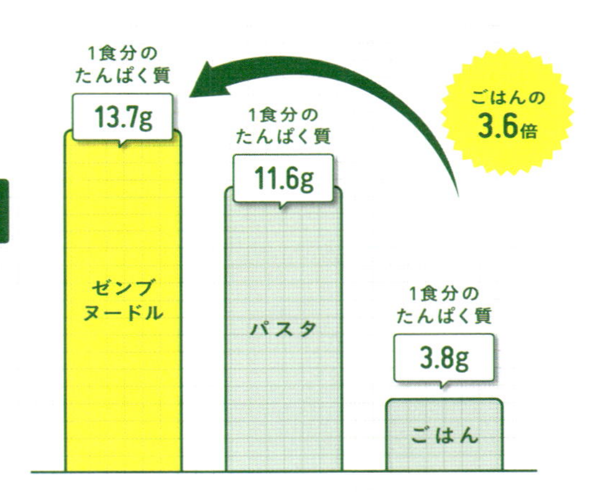


黄えんどう豆は、たんぱく質がしっかりと含まれる作物。プロテインの原料としても使われる食材です。同じ主食であるごはんと比較すると、たんぱく質の含有量は3.6倍！　私たちのからだは、筋肉も皮膚も髪も、すべてたんぱく質でできています。十分なたんぱく質摂取は、健康と美容に欠かせません。

※日本食品標準成分表2015年版（七訂）喫食時1人前あたり調理前重量は、パスタ乾麺85g、精白米66g、ゼンブヌードル乾麺80g

ゼンブヌードルの
からだにいいこと **5.**

## その他の 栄養素も豊富！

一般的な主食である白米は玄米の表皮や胚芽を取り除いたもの。白い小麦も同様に、全粒粉を精製して作られます。調理のしやすさ、食べやすさの点でメリットの大きい工程ですが、栄養価がどうしても下がってしまうのも事実。その点、ゼンブヌードルは豆の薄皮までまるごと使っており、不足しがちな鉄分や、炭水化物からエネルギーを生み出すことをサポートするビタミン$B_1$がたっぷりなのが特徴です。

## [ お好みのレシピに合わせて2種のヌードルからチョイス ]

### ― 丸麺

- 定番人気、もちっと食感の丸麺ゼンブヌードル
- ゼンブヌードル初心者はまずここから！
- いつものパスタの代用品として使える約1.6㎜
- ラーメン、焼きそばレシピ（PART3）にもぴったり

### ― 細麺

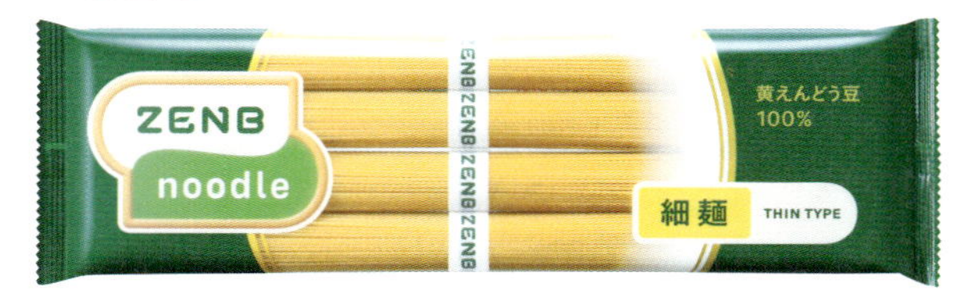


- 冷製パスタにピッタリ！　太さ約1.1㎜の細麺
- ラーメンレシピ（PART3）とも相性抜群
- そうめんの代用品として夏の栄養補給に（PART4）
- まぜそば、和え麺などいろいろな麺レシピ（PART4）に便利

## [ 基本のおいしいゆで方 ]

### 鍋の場合

1. 鍋に水を入れて沸騰させる（ヌードル1束、80gに対して水800㎖以上）。
2. 沸騰したら、ヌードルを入れて丸麺は7〜8分、細麺は3分を目安にお好みの硬さにゆでる。

- 鍋に入れるときはできるだけヌードルがバラバラになるように入れる
- 途中でヌードル同士を離すようにやさしくかき混ぜるとくっつきにくい

### レンジの場合

1. 電子レンジ対応容器に（容量900㎖以上）、ヌードル80g（1束）を半分に折って入れ、水400㎖を入れる。
2. ラップやふたをせず、電子レンジで丸麺は500Wで9分、600Wで8分30秒、細麺は500Wで6分、600Wで5分を目安にお好みの硬さにゆでる。細麺はゆであがったらざるにとってぬるま湯で洗い、よく水気を切る。

**POINT**

- 水分を切ってそのまま置くと固まりやすい。固まった場合はぬるま湯や水で洗うとほぐれる
- 粉っぽさが気になる場合は、ぬるま湯や水でやさしく洗うとよい
- 冷やし麺のレシピの場合は、通常より2〜3分長めにゆでるとちょうどよい硬さになる（〈鍋の場合〉丸麺：約10分、細麺：4〜5分、〈電子レンジの場合〉丸麺：500Wで約11分、600Wで約10分30秒、細麺：500Wで約7分30秒、600Wで約6分30秒）。ざるにとって水で洗い、よく水気を切ること

# まず週5食をゼンブヌードルに置き換えてみよう

ZENBチームが、ゼンブヌードルも取り入れた、おいしくヘルシーな1週間献立を考案！ ぜひ参考にしてみてください。

## ZENB NOODLE CALENDAR

| | 朝食 | 昼食 | 間食 | 夕食 |
|---|---|---|---|---|
| 月曜日 | ・ごはん<br>・卵<br>・味付けめかぶ | ・ごはん<br>・もやし炒め<br>・鶏むね肉のソテー<br>・野菜スープ | ・板チョコレート | **ゼンブヌードル** |
| 火曜日 | **ゼンブヌードル** | ・ごはん<br>・わかめスープ<br>・牛もも肉ステーキ<br>・もやし炒め | ・よもぎ大福 | ・ごはん<br>・甘エビの刺身<br>・ホタテの刺身<br>・海藻サラダ |
| 水曜日 | ・トースト（8枚切り）<br>・コーヒー（ブラック）<br>・野菜ジュース<br>・ゆで卵<br>・ヨーグルト（無糖） | **ゼンブヌードル** | ・素焼きアーモンド | ・アボカド1個<br>・刺身盛り合わせ<br>・山いもの鉄板焼き<br>・銀ダラ焼き |
| 木曜日 | ・ごはん<br>・味噌汁<br>・卵<br>・味付けめかぶ<br>・ほうれんそうのごま和え | ・ごはん<br>・鶏肉のトマト煮<br>・キャベツ<br>・じゃがいも | ・ヨーグルト（ドリンクタイプ） | **ゼンブヌードル** |
| 金曜日 | ・ごはん<br>・味付けめかぶ<br>・卵<br>・わかめスープ<br>・焼き塩ザケ | ・ごはん<br>・ミニトマト<br>・ブロッコリー（ゆで）<br>・鶏むね肉のソテー<br>・コンソメスープ | ・クランチチョコレート | ・ビール<br>・厚揚げの煮物<br>・まぐろとアボカドのサラダ<br>・焼き鳥（レバー、ココロ、モツ）<br>・味噌汁 |
| 土曜日 | **ゼンブヌードル** | ・ごはん<br>・小松菜のおひたし<br>・納豆<br>・ひじきの煮物<br>・サバの塩焼き | ・アーモンドチョコ | ・ごはん<br>・鶏むね肉のソテー<br>・ほうれんそうのバターソテー<br>・キャロットラペ |
| 日曜日（食事管理はおやすみ！） | ・トースト（8枚切り）<br>・コーヒー（ブラック）<br>・野菜ジュース<br>・ゆで卵<br>・ヨーグルト（無糖） | ・バンバンジー<br>・チンジャオロース<br>・レバニラ炒め<br>・餃子<br>・ビール | ・ショートケーキ<br>・コーヒー（ブラック） | ・マルゲリータピザ<br>・生ハム<br>・チーズ<br>・野菜サラダ<br>・赤ワイン |

# 目的に合わせてチョイス！
# こんなときは、このゼンブレシピ

## SCENE 1　朝食におすすめ！ 時短＆あっさり味

電子レンジで納豆パスタ
p56

10分未満

きのことベーコンの
クイックスープパスタ
p63

10分未満

基本の卵かけゼンブヌードル
p126

10分未満

## SCENE 2　忙しくてもしっかり食べる！ スピード昼食

サバ缶ナポリタン
p32

10分

ほうれんそうとシーフード
ミックスの味噌クリームパスタ
p40

10分

サラダチキンのペペロンチーノ
p45

10分未満

## SCENE 3　食欲がない日に選ぶなら、このレシピ

トマトとツナの冷製パスタ
p69

山形だし豆そうめん
p117

ねばとろ！
ばくだん風ぶっかけそうめん
p122

本書に掲載する140以上のレシピの中から、こんなシーンではこの一皿を、
こんな目的にはこの一皿をという選択肢をご提案します。

## SCENE 4　脂質をコントロールしたい方へ、低脂質レシピ

旨辛しょうゆラーメン p89

脂質 4.1g（1人分あたり）

サラダ感覚のフォー p94

脂質 2.3g（1人分あたり）

しじみとトマトの
エスニックスープヌードル p94

脂質 1.9g（1人分あたり）

## SCENE 5　鉄不足が気になる方へ、おすすめレシピ

ほうれんそうの
豆乳クリームパスタ P35

鉄 8.6mg（1人分あたり）

フライパンひとつで
小松菜のボンゴレ p47

鉄 8.1mg（1人分あたり）

かいわれ大根と
おかかのぶっかけそば p119

鉄 5.9mg（1人分あたり）

## SCENE 6　スタミナUP！　たんぱく質＆ビタミン$B_1$補給レシピ

豚とキャベツの
辛味噌ラーメン p85

チンジャオロース風
スタミナ焼きそば P100

台湾風まぜそば p108

# ゼンブヌードルのある生活

毎日の生活のなかで、すでにゼンブヌードルが欠かせない存在になっている方々に、その魅力を聞きました。

ZENB LIFE NO.1

## 石岡真実さん

（フリーランスディレクター）

フリーランスディレクターとしてアパレルブランドとのコラボレーション、料理のレシピ撮影など幅広く活動中。著書に『母ちゃん、ていねい たまにガサツ』（双葉社）。

### パスタは大好きだけど小麦はなるべくとりたくない……その悩みを解決してくれました

4年ほど前から少しずつ健康に気を遣うようになりました。油を米油やオリーブオイルに替えてみたり、しょうゆを有機のものに替えてみたり……ガチガチな健康志向人間を目指すというより、いろいろなものを試して、健康的で、それでいておいしいと感じるものを自分で選択していきたい。そのなかで小麦の麺に代わるものとして出会ったのがゼンブヌードルでした。

それ以前はグルテンフリー＝満足できるおいしさではない、というイメージで味に妥協することへのストレスを感じていました。大好きなパスタやラーメンも“たまに”を心がけようとしましたが、やはり麺の手軽さはやめられない、でもなるべくとりたくない。この悩みをゼンブヌードルが解決してくれたのです。そこから大ハマり！

友人が来た際の遅めの食事や、少しお腹が落ち着いたとき、締めの一皿としても活躍しています。なかでも人気なのは、ねぎエビそば。ねぎ、みょうが、きゅうり、大葉、エビをしょうゆとだししょうゆと合わせた和え麺です。あとは、トマト缶とチーズだけのシンプルパスタも大好き。トマトソースとゆでたゼンブヌードルを和えて、鍋ごとテーブルに持っていきます。子どもたちにも大人気です！

ZENB LIFE NO.2

## 中本千尋さん

（フードコーディネーター／料理家）

フレンチレストラン、短大調理師学科講師などを経て、独立。様々な海外料理に日本のエッセンスをプラスした、楽しくからだにもうれしいレシピが人気。現在は店舗メニュー監修、フードコーディネート、ケータリング、自身のプロダクトブランドDish(es)運営など、食の時間を総合的にデザインする。

### 和洋中、すべての料理に合うところもうれしいですね

2年ほど前から小麦をとると、少しからだに違和感を抱くようになってきました。少し控えたいなと思っていたところ、料理レッスンの生徒さんが「おいしいグルテンフリー麺がある！」とゼンブヌードルを持ってきてくれました。いざ食べてみると、なにより食感が従来の小麦麺と近くて、しっかり満足できる味わいで。ここに惹かれて継続的に使うようになりました。和洋中、すべての料理に合うところもうれしいですね。

お気に入りの食べ方は、細麺を使ったトマトと大葉の麹カッペリーニ。冷たい一皿に仕上げると、麺の食感がさらによくなります。丸麺を使うときは、豆乳、焦がしにんにく、だしパックの中身を使った豆乳ちゃんぽんがおすすめです。また、温かい年越しそばにも使っています。人数が多いときは写真のように、つけ麺スタイルに。遅い夜に食べても罪悪感ゼロです！

ゼンブヌードルは食べることの大切さを感じさせてくれる素敵な商品です。今後も楽しみにしています。

ZENB LIFE NO.3

## 植松良枝さん

（料理研究家）

四季に寄り添った食と暮らしを提案する料理研究家。菜園での野菜づくりがライフワーク。春夏秋冬それぞれの季節が極まり、次の季節の準備期間である「土用」を暦のなかでも特に大切にする。

### いくら健康面でのメリットがあってもおいしくなければ続きません

ゼンブヌードルは黄えんどう豆で作られた麺自体の旨みが抜群です。積極的に食べたい存在として完全に生活になじんでいます。健康面でのメリットがいくらあっても、やはりおいしくないと続きませんから。

私のなかで鉄板の食べ方は細麺を使った、豆苗としらすの中華風和え麺です。最短調理で最高のおいしさ。以下にレシピをお伝えするので、ぜひ作ってみてくださいね。

#### 豆苗としらすの中華風和え麺

**材料（1人分）**

ゼンブヌードル（細麺）……1束
豆苗（2cm長さに切る）……1/2袋
しらす……30g
青ねぎ（小口切り）……1～2本分
ごま油……大さじ1と1/2
塩……適量
レモン（くし形切り）……1切れ

**作り方**

❶ ゆでたヌードルを水洗いして水気をペーパータオルでおさえ、器に広げる。
❷ ①の上に豆苗としらすとねぎを散らす。
❸ 小さなフライパンにごま油を入れて中火で熱し、白い煙がふわっと立ってきたら豆苗としらすの上に回しかける（ごま油は熱さずそのまま回しかけてもよい。香ばしさは少なくなるが、フレッシュで清々しい味わいに）。レモンを添えて塩をふり全体を混ぜ合わせてからいただく。

ZENB LIFE NO.4

## 米澤文雄さん

（レストラン「No Code」オーナーシェフ）

株式会社No Code代表。22歳でニューヨークのミシュラン3つ星店「Jean-Georges」で日本人初のスーシェフに抜擢。帰国後も「Jean-Georges Tokyo」の立ち上げや「The Burn」のプロデュースに関わり、ともに料理長として活躍。サスティナビリティや、ヴィーガン、グルテンフリーなどに配慮した食を多く手掛ける。

### ZENBに込められた想い、哲学的な側面に共感しています

ゼンブヌードルは、2021年4月くらいに初めて使いました。ご縁をいただいたきっかけは、ZENBの方から新たなアイテムとしてご紹介いただいたこと。最初に使った頃から比べると、今はとても改良が進んでいますね。

継続的に使うようになった一番の理由は、純粋に「おいしい」と感じたから。グルテンフリーの麺でこれだけのクオリティがあるものは非常にまれです。ゆで時間も他の麺と比べると圧倒的に短く、非常に使い勝手がいい。商品に込められたZENBさんの想い、豆の薄皮まで全部使い切るという哲学的な側面に共感しています。お店でグルテンフリーの麺を希望された場合は基本的にゼンブヌードルで対応しています。

お気に入りの食べ方は、半熟目玉焼きのせしょうゆバターソース。ゆでたヌードルを冷たくして、卵を落とし、納豆をのせ、麺つゆ、ねぎをかける……なんて食べ方も大好きです。

# INDEX もくじ



## PART1

### まずは、これから! ゼンブヌードル不動の人気レシピTOP5



## PART2

### パスタ

## COLUMN 1

### ゼンブヌードル プロ監修レシピ7選

# PART3
## ラーメン・焼きそば



## COLUMN 2
### 捨てるのは、もったいない！ 栄養を余さずとれる ゆで汁活用レシピ



# PART4
## いろいろ麺

## COLUMN 3

**簡単！ 即、完成！**
**卵かけゼンブヌードル**



帯写真　冨永愛

企画協力　株式会社 ZENB JAPAN
西村林太郎、前田哲也、
大泉由佳、林亮人
フォトグラファー　金洋秀（YOIN）
フードスタイリスト　茂庭翠
プロデューサー　成田龍矢（株式会社LON）
制作会社　株式会社LON
フォトグラファー　菅野祐二 / SPOKE Inc.
フードスタイリスト　タカハシユキ

アートディレクション　藤田康平（Barber）
デザイン　太田保奈美
編集協力　高木さおり（sand）
編集　仲田恵理子
校正　みね工房
ストック写真　PIXTA

# [ 本書の使い方 ]

・本書で使用している大さじ1は15mℓ、小さじ1は5mℓです。
　ひとつまみ・少々は親指と人さし指の2本の指でつまんだ量が目安ですが、個人差があるので味を見ながら調節してください。

・電子レンジやオーブントースターの加熱時間は目安です。
　機種や食材の状況によって差が出る場合がありますので様子を見ながら行ってください。

・本書掲載のすべての栄養成分は、保存方法や調理工程、使用食材の個体差などによって含有量が変わることがあります。

・本書のレシピは基本的に1人分ですが、一部、作りやすい分量として2人分以上として掲載しています。調理の際はご注意ください。

・ゼンブヌードルはグルテンフリーですが、レシピの材料によりグルテンフリーではないレシピもあります。

## POINT 1

### 主な栄養成分

各レシピのメニューに含まれる栄養成分として、カロリー、たんぱく質、糖質、食物繊維、塩分を掲載しています。ぜひお役立てください。

## POINT 2

### 栄養タグ

各レシピのメニューには、特徴的な栄養のタグを表示しています。各タグの条件は以下をご確認ください。

|  |  |
| --- | --- |
| グルテンフリー | 調味料を含めて、すべての使用食材にグルテンが含まれていないメニューに表示 |
| たんぱく質プラス | たんぱく質の含有量が18g以上のものに表示 |
| 食物繊維プラス | 食物繊維の含有量が4.2g以上のものに表示 |
| 500kcal以下 | 健康な成人女性が1日に必要なエネルギーの基本量1600kcal※の3分の1である約500kcalを1食の基準に設定。他の食事が500kcalを超過した際に、カロリー調整するための目安として「500kcal以下」と表示。<br>※参考文献『女子栄養大学の５００kcal定番ごはん』（女子栄養大学出版部）2012年、松田早苗、豊満美峰子 |
| 脂質控えめ | 脂質の含有量が5.5g以下のものに表示 |
| 塩分控えめ | 塩分の含有量が1.1g以下のものに表示 |

## POINT 3

### ゼンブヌードルの種類

そのレシピに最適なゼンブヌードルの種類はここで確認できます。「丸麺」と「細麺」の特徴はP6を参照ください。

## POINT 4

### 調理の所要時間

そのレシピを作る際の一般的な所要時間を表示しています。時短で作りたい日はサッと作れる「10分未満」のものをぜひチョイスしてください。

# PART 1

まずは、これから！

## ゼンブヌードル 不動の人気レシピTOP5

TOP5 ZENB NOODLE RECIPES

公式サイトに掲載される600超のレシピのなかでも、
常にアクセス数上位にランクインする不動の人気レシピを、各ジャンルに分けてご紹介。
まずはこれら5つのレシピを作ってみて、
ゼンブヌードルの魅力を存分に味わってみてください！

ZENB レシピ人気ランキング

パスタ部門

第1位

カロリー：427kcal

たんぱく質：24.4g　糖質：41.6g

食物繊維：12.9g　塩分：3.1g

グルテンフリー　たんぱく質プラス　食物繊維プラス　500kcal以下

# バターでコク旨
# 明太子パスタ

15分

### 材料（1人分）

ゼンブヌードル（丸麺）…… 1束
辛子明太子 …… 小1腹（40g）
バター …… 15g
塩 …… 少々
大葉 …… 3枚
刻みのり …… 適量

### 作り方

1. ゼンブヌードル（丸麺）は沸騰した湯で7～8分ゆでる。ゆで汁を大さじ1～2程度取り、ざるに上げて水気を切る。
2. 明太子は皮を取り、ほぐす。
3. ①が熱いうちにボウルに入れて、バターを絡める。
4. バターが溶けたら、明太子、塩、①のゆで汁（塩分を見ながらお好みで調節）を加えて和える。
5. 器に盛り付け、ちぎった大葉と刻みのりをのせる。

ZENBレシピ人気ランキング

パスタ部門

第2位

# ゆで汁まで使う ZENB流ナポリタン

10分

| カロリー：467kcal | |
|---|---|
| たんぱく質：22.1g | 糖質：55.7g |
| 食物繊維：13.8g | 塩分：2.6g |

たんぱく質プラス　食物繊維プラス　500kcal以下

## 材料（1人分）

ゼンブヌードル（丸麺）……1束
水……200㎖
ピーマン……1個
たまねぎ……1/4個
ウインナー……2本
トマトケチャップ……大さじ2と1/2
塩、こしょう……各少々
粉チーズ……お好みで
粗びき黒こしょう……お好みで

## 作り方

1. ピーマンは細切り、たまねぎはくし形切り、ウインナーは斜め薄切りにする。
2. 直径18㎝くらいの小さめのフライパンに水、半分に折ったゼンブヌードル（丸麺）、①を入れて弱めの中火で7分加熱する（途中水分が足りなくなったら水を足す）。
3. 7分たったらケチャップを加えて強火にし、水分を飛ばすように炒め合わせ、塩、こしょうで味を調える。
4. 器に盛り付け、お好みで粉チーズをかけ、粗びき黒こしょうをふる。

ZENBレシピ人気ランキング

パスタ部門

第3位

# バターとろける スープパスタ

10分未満

| カロリー：424kcal | |
|---|---|
| たんぱく質：18.9g | 糖質：43.1g |
| 食物繊維：13.7g | 塩分：2.8g |

たんぱく質プラス　食物繊維プラス　500kcal以下

**材料（1人分）**

ゼンブヌードル（細麺）……1束
水……250mℓ
しめじ……50g
ベーコン……1枚（15g）
コンソメ（顆粒）……小さじ2
バター……10g
パセリ（みじん切り）……お好みで

**作り方**

1. 耐熱容器に半分に折ったゼンブヌードル（細麺）を入れる。しめじは石づきを取ってほぐし、ベーコンはキッチンバサミなどで1cm幅に切り、コンソメ、水とともに入れる。
2. ラップをかけずにそのまま、電子レンジ（600W）で5分加熱する。
3. ヌードルをほぐすように混ぜ、バターをのせる。お好みでパセリを散らす。

カロリー：439kcal

| たんぱく質：27.1g | 糖質：44.6g |
| --- | --- |
| 食物繊維：11.9g | 塩分：4.5g |

たんぱく質プラス　食物繊維プラス　500kcal以下

# 牛乳と鶏がらで簡単！とんこつ風ラーメン

10分

**材料（1人分）**

ゼンブヌードル（細麺）……1束
水……500mℓ
A
- 牛乳……大さじ1
- 鶏がらスープの素……小さじ2
- ごま油……小さじ1
- 塩……ひとつまみ
- こしょう……適量

青ねぎ（小口切り）……適量
お好みのトッピング（ゆで卵やチャーシューなど）……適量
白いりごま……適量

**作り方**

1. 鍋に水を入れて火にかけ、沸騰したら、ゼンブヌードル（細麺）を入れて、3分ゆでる。
2. ヌードルをゆでている間に、器にAの材料を入れる。
3. 3分たったら、火を止め、ゆで汁だけ②の器に注いで、スープを作る。
4. ヌードルをざるに上げてぬるま湯でサッと洗い、水気を切る。③の器に入れる。
5. ねぎ、お好みのトッピングをのせ、ごまを散らす。

ZENB レシピ人気ランキング

いろいろ麺部門

第1位

カロリー：510kcal

たんぱく質：25.4g　糖質：46.9g

食物繊維：15.0g　塩分：1.6g

たんぱく質プラス　食物繊維プラス

# とろっと卵の納豆まぜ麺

10分

**材料（1人分）**

ゼンブヌードル（丸麺）…… 1束
納豆 …… 1パック
卵黄 …… 1個
青ねぎ（小口切り）…… 適量
麺つゆ（2倍濃縮）…… 大さじ1
ごま油 …… 小さじ2
粗びき黒こしょう …… 少々

**作り方**

1. ゼンブヌードル（丸麺）を沸騰した湯で7～8分（ヌードルを冷やして食べる場合は10分）ゆで、ざるに上げて、ぬるま湯でサッと洗い、水気を切る。器に盛り付ける。
2. ①に添付のたれを混ぜた納豆、卵黄、ねぎをのせ、麺つゆ、ごま油を回しかけ、粗びき黒こしょうをふる。

# PART 2

# パスタ

## PASTA

からだのために、パスタを控えていたという人にこそ試してほしい！
ゼンブヌードルを使った、からだにいいのに、おいしいパスタレシピを集めました。
定番のトマトソースから、パスタサラダまで。
盛りだくさんにご紹介します。

グルテンフリー　たんぱく質プラス　食物繊維プラス　500kcal以下　塩分控えめ

# エビとバジルのトマトパスタ

［トマトソース］　20分

**材料（1人分）**

- ゼンブヌードル（丸麺）…… 1束
- オリーブオイル …… 大さじ1
- にんにく（みじん切り）…… 1片分
- たまねぎ（みじん切り）…… 1/6個分
- むきエビ …… 5尾（50g）
- 白ワイン …… 大さじ1（※酒でも可）
- カットトマト（缶）…… 100g
- 塩、こしょう …… 各ふたつまみ
- モッツァレラチーズ（一口サイズ）…… 20g
- フレッシュバジル …… 適量

**作り方**

1. 沸騰した湯で、ゼンブヌードル（丸麺）を7分ゆで始める。
2. フライパンに、オリーブオイルとにんにくを弱火で熱し、香りがしたらたまねぎを加えて中火にし、しんなりするまで炒める。
3. エビは、あれば背ワタを取って加え、両面に焼き目がついたら、ワインを加えてサッと炒める。カットトマトを加えて2〜3分煮詰め、塩、こしょうで味を調える。
4. ①がゆであがったら、ざるに上げて、ぬるま湯でサッと洗い水気を切る。③にモッツァレラチーズとともに加え、サッと全体を和える。器に盛り付け、バジルを散らす。

# なすとベーコンのトマトソースパスタ

［トマトソース］ 15分

| カロリー：434kcal | |
|---|---|
| たんぱく質：20.5g | 糖質：46.2g |
| 食物繊維：14.5g | 塩分：1.7g |

たんぱく質プラス　食物繊維プラス　500kcal以下

**材料（1人分）**

ゼンブヌードル（丸麺）…… 1束
ベーコン …… 2枚（30g）
なす …… 1本
たまねぎ …… 1/6個
オリーブオイル …… 大さじ1/2
赤唐辛子（小口切り）…… 少々
A
- カットトマト缶 …… 150g
- コンソメ（顆粒）…… 小さじ2
- おろしにんにく …… 小さじ1/2

塩、こしょう …… 各少々
粉チーズ …… お好みで

**作り方**

1. ベーコンは1cm幅の短冊切りにする。なすは1〜2cm幅の輪切りにする。たまねぎはみじん切りにする。
2. フライパンにオリーブオイル、赤唐辛子を入れて中火で熱する。ベーコン、たまねぎを加え、たまねぎがしんなりするまで炒める。
3. ②の具をフライパンの端に寄せ、なすを加え、両面がきつね色になるまで焼く。Aを加え、ひと煮立ちさせ、塩、こしょうで味を調える。
4. 別の鍋で沸騰させた湯に、ゼンブヌードル（丸麺）を入れて7〜8分ゆでる。ざるに上げて、ぬるま湯でサッと洗い、水気を切る。
5. ③のフライパンに加え、サッと炒め合わせる。器に盛り付け、お好みで粉チーズをかける。

# フレッシュトマトパスタ

［トマトソース］ 20分

カロリー：436kcal

| たんぱく質：17.4g | 糖質：51.4g |
|---|---|
| 食物繊維：15.6g | 塩分：1.5g |

グルテンフリー　食物繊維プラス　500kcal以下

材料（1人分）

ゼンブヌードル（丸麺）…… 1束
ミニトマト …… 4個
にんにく …… 1片
オリーブオイル …… 大さじ1
カットトマト缶 …… 1/2缶（200g）
塩 …… 小さじ1/4

作り方

1. ミニトマトは大きいものは半分に切り、にんにくはみじん切りにする。
2. ゼンブヌードル（丸麺）は沸騰した湯で7〜8分ゆでる。ざるに上げて、ぬるま湯でサッと洗い、水気を切る。
3. フライパンにオリーブオイルを弱火で熱し、にんにくを入れ、香りが立ったら、カットトマトとミニトマト、塩を加えて煮る。
4. ミニトマトがとろっとしてきたら、②を加えてソースを絡め、器に盛り付ける。

煮詰める時間を長くすると、旨みが凝縮してよりおいしくなる

カロリー：598kcal

たんぱく質：41.1g　糖質：46.9g

食物繊維：16.1g　塩分：3.1g

たんぱく質プラス　食物繊維プラス

# サバ缶トマトパスタ

［トマトソース］ 15分

**材料（1人分）**

ゼンブヌードル（丸麺）…… 1束
にんにく …… 1片
パセリ …… 少々
セロリ …… 1/3本（40g）
しめじ …… 1/2袋（50g）
オリーブオイル …… 小さじ2
サバ缶（水煮）…… 100g
カットトマト缶 …… 100g
塩 …… 小さじ1/2弱
粉チーズ …… 大さじ1

**作り方**

1. にんにくとパセリはみじん切り、セロリは斜め薄切り、しめじは石づきを取ってほぐす。
2. ゼンブヌードル（丸麺）は沸騰した湯で7分ゆでる。ざるに上げて、ぬるま湯でサッと洗い、水気を切る。
3. フライパンにオリーブオイルを中火で熱し、にんにく、セロリを炒める。
4. にんにくの香りが出てきたら、サバ缶を汁ごと加え、しめじ、カットトマト、塩を入れて、サバをほぐしながら少し煮込む。
5. ④に②を加えて和え、器に盛る。粉チーズ、パセリを散らす。

| カロリー：680kcal | |
|---|---|
| たんぱく質：26.8g | 糖質：48.5g |
| 食物繊維：14.6g | 塩分：2.0g |

グルテンフリー　たんぱく質プラス　食物繊維プラス

# カニの<br>トマトクリームパスタ

［トマトソース］ 25分

**材料（1人分）**

ゼンブヌードル（丸麺）……1束
オリーブオイル……大さじ1
にんにく（みじん切り）……1片分
赤唐辛子……1本
マッシュルーム（薄切り）……2個分
白ワイン……大さじ1
カニ缶……1缶（55g）
カットトマト缶……150g
塩……ひとつまみ
生クリーム……50mℓ
イタリアンパセリ……適量

**作り方**

1. フライパンにオリーブオイルを弱めの中火で熱し、にんにくと赤唐辛子を香りが立つまで炒めたら、マッシュルームを加える。
2. マッシュルームに火が通ったら、白ワインを加えてアルコールを飛ばす。
3. ②にカニ缶を汁ごと加え、カットトマトと塩も加えて水分が半分くらいになるまで煮詰める。
4. ゼンブヌードル（丸麺）は沸騰した湯で7分ゆでる。
5. ゆで時間が残り1分になったらゆで汁を50mℓ取り、③のフライパンに入れる。生クリームを加え、ソースが温まったら、火を止めてゆであがったヌードルを移してソースを絡める。
6. 器に盛り付け、イタリアンパセリをのせる。

# エビの<br>トマトクリームパスタ

カロリー：443kcal

| たんぱく質：29.3g | 糖質：48.6g |
|---|---|
| 食物繊維：13.3g | 塩分：2.0g |

たんぱく質プラス　食物繊維プラス　500kcal以下

［トマトソース］ 15分

### 材料（1人分）

ゼンブヌードル（丸麺）…… 1束
オリーブオイル …… 大さじ1
むきエビ …… 6尾（60g）
白ワイン …… 大さじ1（※酒でも可）
カットトマト（缶）…… 100g
牛乳 …… 50mℓ
おろしにんにく …… 小さじ1
コンソメ（顆粒）…… 小さじ1
塩、こしょう …… 各ひとつまみ
パセリ（みじん切り）…… お好みで

### 作り方

1. 沸騰した湯で、ゼンブヌードル（丸麺）を7分ゆで始める。
2. フライパンにオリーブオイルを中火で熱し、あれば背ワタを取ったエビを色が変わるまで2〜3分炒める。白ワインを加えてサッと炒める。
3. カットトマト、牛乳、おろしにんにく、コンソメを加えて絡めながら2〜3分煮詰め、塩、こしょうで味を調える。
4. ①がゆで上がったら、ざるに上げて、ぬるま湯でサッと洗い、水気を切る。③のソースを絡める。器に盛り付け、お好みでパセリを散らす。

カロリー：520kcal

| たんぱく質：30.1g | 糖質：53.8g |
| --- | --- |
| 食物繊維：14.0g | 塩分：2.8g |

たんぱく質プラス　食物繊維プラス

# 具材ごろごろ！基本のミートソースパスタ

［トマトソース］　20〜25分

**材料（1人分）ミートソースは2人分の分量**

- ゼンブヌードル（丸麺）…… 1束
- たまねぎ …… 1/4個
- オリーブオイル …… 大さじ1/2
- 豚ひき肉 …… 150g
- A
  - カットトマト缶 …… 1/2缶（200g）
  - トマトケチャップ …… 大さじ2
  - ウスターソース …… 大さじ1
  - コンソメ（顆粒）…… 小さじ2
  - おろしにんにく …… 小さじ1
  - 塩、こしょう …… 各ひとつまみ

**作り方**

1. たまねぎはみじん切りにする。
2. フライパンにオリーブオイルを中火で熱し、たまねぎを加えしんなりするまで炒める。
3. たまねぎをフライパンの端に寄せ、豚ひき肉を加え、ほぐさずに焼きつけるように両面がきつね色になるまで焼く。**A**を加えて煮立ったら弱火にし、豚ひき肉を一口サイズにほぐし、時々かき混ぜながら10〜15分煮詰める。
4. 別の鍋で沸騰させた湯に、ゼンブヌードル（丸麺）を入れて7〜8分ゆでる。ざるに上げて、ぬるま湯でサッと洗い、水気を切る。器に盛り、③をのせる。

# ヴィーガンボロネーゼ

［ トマトソース ］ 30分（冷凍時間は除く）

カロリー：557kcal
たんぱく質：28.3g　糖質：55.7g
食物繊維：16.3g　塩分：3.5g

たんぱく質プラス　食物繊維プラス

### 材料（1人分）

ゼンブヌードル（丸麺）…… 1束
木綿豆腐 …… 1/2丁
トマト …… 1/2個
たまねぎ …… 1/4個
マッシュルーム …… 3個
にんにく …… 1/2片
ドライトマト …… 10g
パセリ …… 3g
オリーブオイル …… 大さじ1
塩 …… 小さじ1/2
ナツメグパウダー …… 小さじ1/4
パプリカパウダー …… 小さじ1/2
こしょう …… 少々
しょうゆ …… 小さじ1

### 作り方

1. 木綿豆腐を横半分に切って、バットなどに並べ、冷凍庫で3時間以上凍らせる。
2. ①が完全に凍ったら、解凍し、しっかり水気を絞り、細かくそぼろ状にする。
3. トマト、たまねぎ、マッシュルーム、にんにく、ドライトマト、パセリはすべてみじん切りにする。
4. フライパンにオリーブオイルとにんにくを入れ、弱火でにんにくの香りが出るまで炒める。
5. ②とたまねぎを加え、たまねぎが半透明になったら、トマト、マッシュルーム、ドライトマト、塩を加えて炒める。
6. 材料に火が通ったら、ナツメグパウダー、パプリカパウダー、こしょう、しょうゆを入れ、全体が少し煮詰まるまで炒める。
7. ゼンブヌードル（丸麺）は沸騰した湯で7分ゆでる。ざるに上げて、ぬるま湯でサッと洗い、水気を切る。
8. ⑥に⑦を入れて全体をよく絡め、最後にパセリをふる。

木綿豆腐をアレンジ！
まるで肉のような見た目でボリューム満点

ゼンブヌードルの食感と
タコミンチのプリプリ食感が相性抜群

カロリー：508kcal
たんぱく質：34.6g　糖質：50.2g
食物繊維：13.4g　塩分：1.9g

たんぱく質プラス　食物繊維プラス

# タコミンチと トマト、ケッパーのパスタ

［ トマトソース ］ 15分

### 材料（1人分）

ゼンブヌードル（丸麺）…… 1束
タコ（ゆで）…… 80g
にんにく（みじん切り）…… 小さじ1
オリーブオイル …… 大さじ1
赤唐辛子 …… 1/2本
ケッパー …… 小さじ1
塩 …… 少々
トマトソース（市販）…… 120g

### 作り方

1. タコはフードプロセッサーで粗いミンチ状にする。
2. ゼンブヌードル（丸麺）は沸騰した湯で7分ゆでる。ゆで汁を50㎖程度とって、ざるに上げて、ぬるま湯でサッと洗い、水気を切る。
3. 熱したフライパンににんにくとオリーブオイルを入れて弱火にかけ、にんにくがきつね色になったら赤唐辛子を加えてなじませ、①とケッパー、塩を加えて炒め合わせる。
4. タコの色が変わったらトマトソースと②のゆで汁を加えて煮立たせ、ヌードルを加えて炒め合わせる。

カロリー：568kcal

たんぱく質：22.3g　糖質：54.8g

食物繊維：14.6g　塩分：2.4g

たんぱく質プラス

食物繊維プラス

野菜をふんだんに使った一皿
ビタミンCも食物繊維もたっぷり

# 野菜たっぷりナポリタン

［トマトソース］　15分

**材料（1人分）**

ゼンブヌードル（丸麺）…… 1束
ウインナー …… 2本
なす …… 1/2本
ズッキーニ …… 1/4本
パプリカ（赤）…… 1/4個
オリーブオイル …… 大さじ1
トマトケチャップ …… 大さじ2と1/2
塩、こしょう …… 各少々
粉チーズ …… お好みで

**作り方**

1. ウインナーは斜め薄切りにする。なす、ズッキーニは、1cm幅に切る。パプリカは5mm幅に切る。
2. ゼンブヌードル（丸麺）は沸騰した湯で7分ゆでる。ざるに上げて、ぬるま湯でサッと洗い、水気を切る。
3. フライパンにオリーブオイルを中火で熱し、①を加えて炒め、具材に火を通す。
4. ③に②とトマトケチャップを加え、サッと炒め合わせる。塩、こしょうで味を調える。お好みで粉チーズをふる。

# サバ缶ナポリタン

［トマトソース］　10分

**材料（1人分）**

ゼンブヌードル（丸麺）…… 1束
水 …… 300mℓ
トマトケチャップ …… 大さじ2
オリーブオイル …… 小さじ1
サバ缶（水煮）…… 1/2缶
粗びき黒こしょう …… 少々

**作り方**

1. フライパンに水、ケチャップ、オリーブオイル、サバ缶を汁ごと加えて中火にかける。煮立ったら、ゼンブヌードル（丸麺）を半分に折って加え、サバを軽くほぐしながらさっと混ぜてふたをし、7分煮る。
2. ふたを取り、全体がとろりとするまで混ぜたら、器に盛り、粗びき黒こしょうをふる。

カロリー：505kcal

たんぱく質：33.9g　糖質：48.7g

食物繊維：12.3g　塩分：1.8g

たんぱく質プラス

食物繊維プラス

カロリー：494kcal

たんぱく質：23.7g　糖質：57.9g

食物繊維：14.3g　塩分：2.9g

# カレーナポリタン

たんぱく質プラス　食物繊維プラス　500kcal以下

［トマトソース］　20分

### 材料（1人分）

ゼンブヌードル（丸麺）……1束
水……200mℓ
ピーマン……1個
たまねぎ……1/4個
ウインナー……2本
トマトケチャップ……大さじ2と1/2
カレー粉……小さじ1/2
塩、こしょう……各少々
粉チーズ……お好みで

### 作り方

1. ピーマンは細切り、たまねぎはくし形切り、ウインナーは斜め薄切りにする。
2. 直径18㎝くらいの小さめのフライパンに水、半分に折ったゼンブヌードル（丸麺）、①を入れて弱めの中火で7分加熱する（途中水分が足りなくなったら、水を足す）。
3. ケチャップ、カレー粉を加えて強火にし、水分を飛ばすように炒め合わせ、塩、こしょうで味を調える。
4. 器に盛り付け、お好みで粉チーズをかける。

カロリー：681kcal

たんぱく質：31.2g　糖質：41.4g

食物繊維：12.0g　塩分：3.5g

グルテンフリー　たんぱく質プラス　食物繊維プラス

# 簡単とろとろ！カルボナーラ

［クリームソース］　15分

### 材料（1人分）

ゼンブヌードル（丸麺）……1束
ベーコン……2枚（30g）
オリーブオイル……大さじ1
スライスチーズ……1枚
（またはピザ用チーズひとつかみ）
卵……1個
塩……少々
粗びき黒こしょう……少々

### 作り方

1. ゼンブヌードル（丸麺）は沸騰した湯で7～8分ゆでる。大さじ1のゆで汁を取って、ヌードルをざるに上げて、ぬるま湯でサッと洗い、水気を切る。
2. ①でゆでている間に、ベーコンを1㎝幅に切る。フライパンにオリーブオイルを中火で熱する。ベーコンを加え、焼き色がついてカリカリになるまで炒める。①のゆで汁を加える。
3. スライスチーズを加えて弱火で温める。①を加え、とろけたチーズが全体に絡んだら火からおろし、溶いた卵を加えて手早く絡める。
4. 塩、粗びき黒こしょうで味を調え、器に盛り付ける。

# ほうれん草の豆乳クリームパスタ

［クリームソース］ 15分

| カロリー：554kcal | |
|---|---|
| たんぱく質：30.9g | 糖質：48.2g |
| 食物繊維：15.3g | 塩分：3.8g |

たんぱく質プラス　食物繊維プラス

**材料（1人分）**

- ゼンブヌードル（丸麺）…… 1束
- ほうれんそう …… 2株（50g）
- しめじ …… 1/2袋（50g）
- バター …… 10g
- ツナ缶 …… 1/2缶（40g）
- 無調整豆乳 …… 150mℓ
- コンソメ（顆粒）…… 小さじ1
- 塩 …… ひとつまみ
- 粗びき黒こしょう …… 少々

**作り方**

1. ほうれんそうは、3〜4cm幅に切る。しめじは石づきを取り、小房に分ける。
2. フライパンにバターを中火で熱し、ほうれんそう、しめじを加えてしんなりとするまで炒める。油を切ったツナ缶を加えサッと炒める。
3. 豆乳を加えて全体をかき混ぜたら、コンソメ、塩、粗びき黒こしょうを加えて2〜3分煮込む。
4. 別の鍋で沸騰させた湯で、ゼンブヌードル（丸麺）を7〜8分ゆでる。ざるに上げて、ぬるま湯でサッと洗い、水気を切る。③に加え、全体を和えてひと煮立ちさせる。

1日分以上の鉄※が入った体にうれしいクリームパスタ！

※消費者庁「食品表示法に基づく 栄養成分表示のための ガイドライン」の「栄養素等表示基準値」参照（1日当たり、鉄6.8mg［13歳以上に限る］）

# かぼちゃときのこのクリームパスタ

カロリー：496kcal

| たんぱく質：22.7g | 糖質：56.0g |
|---|---|
| 食物繊維：15.5g | 塩分：2.5g |

グルテンフリー　たんぱく質プラス　食物繊維プラス　500kcal以下

［クリームソース］　15分

**材料（1人分）**

ゼンブヌードル（丸麺）……1束
水……100mℓ
しめじ……1/2袋（50g）
ベーコン……1枚（15g）
たまねぎ……1/4個
かぼちゃ……40g
バター……5g
牛乳……100mℓ
塩……小さじ1/3
こしょう……少々

**作り方**

1. しめじは石づきを取ってほぐし、ベーコンは食べやすい大きさに切り、たまねぎ、かぼちゃは薄切りにする。
2. フライパンにバターを中火で熱し、①を加えて炒め、水、牛乳、半分に折ったゼンブヌードル（丸麺）を加えて弱火で7分煮る（途中水分が足りなくなったら、水を足す）。
3. とろみがついてきたら、塩、こしょうで味を調え、器に盛り付ける。

カロリー：401kcal

たんぱく質：20.1g　糖質：51.3g

食物繊維：7.7g　塩分：2.7g

グルテンフリー　たんぱく質プラス　食物繊維プラス　500kcal以下

# ポテトクリームヌードル

［クリームソース］ 10分

**材料（1人分）**

ゼンブヌードル（丸麺）…… 1/2束
水 …… 200mℓ
じゃがいも …… 1個
おろしにんにく …… 少々
牛乳 …… 150mℓ
塩 …… 小さじ1/3
粉チーズ …… 大さじ2
粗びき黒こしょう …… 少々

**作り方**

1. じゃがいもは皮をむいて薄いいちょう切りにし、水にサッとくぐらせる。フライパンに水、半分に折ったゼンブヌードル（丸麺）、じゃがいも、にんにくを加えてサッと混ぜ、ふたをして中火にかける。沸騰したら弱めの中火にし、7分煮る。
2. 牛乳、塩、粉チーズを加えてとろりとするまでひと煮立ちさせる。器に盛り付け、粗びき黒こしょう、お好みで粉チーズ少々（分量外）をふる。

カロリー：742kcal

| たんぱく質：23.6g | 糖質：50.1g |
| --- | --- |
| 食物繊維：15.0g | 塩分：3.0g |

グルテンフリー　たんぱく質プラス　食物繊維プラス

# たっぷりきのこの濃厚クリームパスタ

［クリームソース］　15分

### 材料（1人分）

ゼンブヌードル（丸麺）…… 1束
エリンギ …… 1/2パック
マッシュルーム …… 3個
たまねぎ …… 1/4個
バター …… 10g
生クリーム …… 70mℓ
おろしにんにく …… 小さじ1
スライスチーズ …… 1枚
塩 …… 少々
粗びき黒こしょう …… 少々

### 作り方

1. エリンギは長さを半分に切り、縦に薄切りにする。マッシュルーム、たまねぎは薄切りにする。
2. 鍋に湯を沸かし、ゼンブヌードル（丸麺）を入れて7分ゆでる。ゆで汁を大さじ2程度取って、ヌードルはざるに上げて、ぬるま湯でサッと洗い、水気を切る。
3. フライパンにバターを中火で熱し、たまねぎを透き通るまで炒めたら、きのこを加えてさらに炒める。
4. 生クリーム、おろしにんにく、②のゆで汁を加えたら、ふたをして3分ほど弱火で煮る。②を加えてソースを絡め、スライスチーズを入れて塩、粗びき黒こしょうで味を調える。

# クリーム明太子パスタ

［クリームソース］ 15分

| カロリー：606kcal | |
|---|---|
| たんぱく質：27.0g | 糖質：45.5g |
| 食物繊維：12.0g | 塩分：3.8g |

たんぱく質プラス
食物繊維プラス

**材料（1人分）**

ゼンブヌードル（丸麺）…… 1束
辛子明太子 …… 小1腹（50g）
オリーブオイル …… 大さじ1/2
生クリーム …… 50mℓ
白だし …… 小さじ1
おろしにんにく …… 小さじ1/2
粗びき黒こしょう …… 少々
パセリ（みじん切り）…… お好みで

**作り方**

1. ゼンブヌードル（丸麺）は沸騰した湯で7〜8分ゆでる。ゆで汁を大さじ1取って、ヌードルはざるに上げて、ぬるま湯でサッと洗い、水気を切る。
2. ①でゆでている間に、明太子は皮を取り、ほぐす。
3. フライパンにオリーブオイルを中火で熱し、明太子をサッと炒めたら、生クリーム、白だし、おろしにんにくを加えてひと煮立ちさせる。
4. ①のヌードルとゆで汁を③に加えてサッと全体を和える。
5. 器に盛り付け、粗びき黒こしょうをふり、お好みでパセリを散らす。

隠し味ににんにくと白だしを入れることで
奥深い味に仕上がる

フライパンひとつで完成！
牛乳で作るため重くなりすぎない

| カロリー：518kcal | |
|---|---|
| たんぱく質：24.2g | 糖質：50.8g |
| 食物繊維：12.8g | 塩分：2.8g |

たんぱく質プラス
食物繊維プラス

# アスパラのクリームパスタ

［クリームソース］ 15分

**材料（1人分）**

ゼンブヌードル（丸麺）…… 1束
水 …… 100mℓ
グリーンアスパラガス …… 1本
たまねぎ …… 1/4個
ウインナー …… 2本
サラダ油 …… 小さじ1
牛乳 …… 100mℓ
塩 …… 小さじ1/3
こしょう …… 少々
レモン（薄切り）…… お好みで

**作り方**

1. アスパラガスは下半分の皮をむき、3cmの長さに切り、たまねぎは薄切りにする。ウインナーは斜め薄切りにする。
2. フライパンにサラダ油を中火で熱し、①を軽く炒め、半分に折ったゼンブヌードル（丸麺）、水、牛乳を加えて7分加熱する。
3. とろみがついてきたら塩、こしょうで味を調え、器に盛り付ける。お好みでレモンをのせる。

# ほうれんそうと
# シーフードミックスの
# 味噌クリームパスタ

[ クリームソース ]　10分

| カロリー：504kcal | |
| --- | --- |
| たんぱく質：29.0g | 糖質：50.7g |
| 食物繊維：13.6g | 塩分：2.2g |

たんぱく質プラス　食物繊維プラス

**材料（1人分）**

ゼンブヌードル（丸麺）…… 1束
水 …… 100mℓ
牛乳 …… 150mℓ
シーフードミックス …… 50g
ほうれんそう（4cm長さに切る）…… 50g
味噌 …… 小さじ2
バター …… 10g

**作り方**

1. フライパンに水、牛乳、半分に折ったゼンブヌードル（丸麺）、シーフードミックス、ほうれんそうを入れて、ひと煮立ちしたら弱火で7分煮る（途中水分が足りなくなったら、水を足す）。
2. 味噌を溶き入れ、バターを加えて混ぜ、器に盛り付ける。

味噌を加えて、コクをプラス
香りが飛ばないよう最後に加えて

カロリー：606kcal
たんぱく質：20.8g　糖質：45.8g
食物繊維：15.8g　塩分：2.6g

# パクチージェノベーゼ

［ジェノベーゼソース］　10分

グルテンフリー　たんぱく質プラス　食物繊維プラス

### 材料（1人分）

ゼンブヌードル（丸麺）…… 1束
パクチー …… 30g
くるみ …… 15g
松の実 …… 15g
水 …… 大さじ2
オリーブオイル …… 大さじ1
おろしにんにく …… 小さじ1/2
塩 …… 小さじ1/2
こしょう …… 少々
いんげん …… 6本

### 作り方

1. フードプロセッサーにゼンブヌードル（丸麺）といんげん以外のすべての材料を入れて、撹拌する。
2. ヌードルは沸騰した湯で7分ゆで、ざるに上げて、ぬるま湯でサッと洗い、水気を切る。
3. いんげんは塩ゆでして、食べやすい大きさに切る。
4. ①〜③をボウルに入れてよく和え、器に盛り付け、お好みでパクチー（分量外）をのせる。

ズッキーニとベーコンはじっくり焼いて
サッとできるので平日のランチにも◎

# ズッキーニの ペペロンチーノ

カロリー：531kcal

たんぱく質：21.0g　糖質：43.2g

食物繊維：13.6g　塩分：1.7g

たんぱく質プラス　食物繊維プラス

［オイルソース］　15分

### 材料（1人分）

ゼンブヌードル（丸麺）…… 1束
ズッキーニ …… 1/2本
ベーコン …… 2枚（30g）
オリーブオイル …… 大さじ1
にんにく（薄切り）…… 1片分
赤唐辛子（小口切り）…… 少々
塩 …… ひとつまみ
粗びき黒こしょう …… 少々

### 作り方

❶ズッキーニは1.5㎝幅に切る。ベーコンは1㎝幅の短冊切りにする。
❷ゼンブヌードル（丸麺）は沸騰した湯で7分ゆで、ざるに上げて、ぬるま湯でサッと洗い、水気を切る。
❸フライパンにオリーブオイル、にんにく、赤唐辛子を弱火で熱する。香りがしたらズッキーニとベーコンを加え中火にし、焼き目がつくまで焼く。
❹③に②を加えてサッと炒め合わせ、塩、粗びき黒こしょうで味を調える。器に盛り付ける。

# しらすの
# ペペロンチーノ

［ オイルソース ］ 10分未満

| カロリー：408kcal | |
|---|---|
| たんぱく質：23.1g | 糖質：41.8g |
| 食物繊維：12.6g | 塩分：3.1g |

グルテンフリー　たんぱく質プラス　食物繊維プラス　500kcal以下

**材料（1人分）**

ゼンブヌードル（丸麺）…… 1束
水 …… 600mℓ
塩 …… 小さじ3/4
オリーブオイル …… 大さじ2
にんにく（すりおろし）…… 1/2片分
しらす …… 20g
赤唐辛子（小口切り）…… 少々
長ねぎ（斜め薄切り）…… 10g

**作り方**

1. 鍋に水を入れて火にかけ、沸騰したら塩を加え、ゼンブヌードル（丸麺）を入れて7分ゆでる。
2. ①でゆでている間に、小さめのフライパンまたは小鍋にオリーブオイル、にんにく、しらす、赤唐辛子、ねぎを入れる。
3. ①のゆで時間が残り1分のところでゆで汁50mℓを取る。②に入れて中火にかける。
4. ゆで時間7分たったらヌードルを③のフライパンに移し、ゆすりながら軽くかき混ぜる。ソースが白くとろっとしたら火を止め、器に盛り付ける。

# ひじきと青菜の ペペロンチーノ

［オイルソース］ 15分

| カロリー：462kcal | |
|---|---|
| たんぱく質：21.2g | 糖質：42.4g |
| 食物繊維：16.9g | 塩分：2.5g |

グルテンフリー　たんぱく質プラス　食物繊維プラス　500kcal以下

**材料（1人分）**

ゼンブヌードル（丸麺）……1束
油揚げ……2/3枚
小松菜……1/3束（100g）
しいたけ……2枚
にんにく……1/2片
オリーブオイル……大さじ1
赤唐辛子……1/2本
水……大さじ1
ひじき（もどしたもの）……20g
塩……小さじ1/2

**作り方**

1. 油揚げは油抜きして細切り、小松菜は食べやすい長さに切る。しいたけは軸を取って薄切り、にんにくはみじん切りにする。
2. ゼンブヌードル（丸麺）は沸騰した湯で7分ゆでる。ざるに上げて、ぬるま湯でサッと洗い、水気を切る。
3. フライパンにオリーブオイルとにんにく、赤唐辛子を入れ、弱火でにんにくの香りが出るまで炒める。
4. 小松菜の茎の部分と水を入れて炒め、茎に火を通す。
5. ④にヌードル以外の残りの材料をすべて入れ、全体に火が通ったらヌードルを加えて和え、器に盛り付ける。

# サラダチキンのペペロンチーノ

［オイルソース］　10分未満

| カロリー：419kcal | |
|---|---|
| たんぱく質：40.9g | 糖質：42.2g |
| 食物繊維：11.8g | 塩分：2.4g |

たんぱく質プラス　500kcal以下　食物繊維プラス

**材料（1人分）**

ゼンブヌードル（丸麺）…… 1束
水 …… 200㎖
オリーブオイル …… 小さじ1
おろしにんにく …… 3g
塩 …… ひとつまみ
赤唐辛子（小口切り）…… 少々
サラダチキン …… 1枚（110g）
パセリ …… お好みで

**作り方**

1. 耐熱容器に半分に折ったゼンブヌードル（丸麺）とサラダチキンとパセリ以外の材料を入れ、電子レンジ（600W）で8分30秒加熱する。
2. ①に食べやすい大きさにさいたサラダチキンを加え、全体を軽く混ぜて器に盛り付け、お好みでパセリをふる。

フライパンで炒めず、電子レンジで完成
油を減らせて、簡単

# キャベツとベーコンのペペロンチーノ

［オイルソース］　10分

**材料（1人分）**

ゼンブヌードル（丸麺）…… 1束
キャベツ …… 1/2枚（50g）
ベーコン …… 1枚（15g）
にんにく …… 1片
赤唐辛子 …… 1本
オリーブオイル …… 大さじ1
塩 …… ひとつまみ
こしょう …… 少々

**作り方**

1. キャベツとベーコンは食べやすい大きさに切る。にんにくは薄切りにし、赤唐辛子は半分に切る。
2. ゼンブヌードル（丸麺）は沸騰した湯で7分ゆでる。ゆで汁を50㎖取って、ヌードルはざるに上げて、ぬるま湯でサッと洗い、水気を切る。
3. フライパンにオリーブオイルを熱し、にんにく、赤唐辛子を炒め、香りが立ったらキャベツ、ベーコンを加えて炒める。
4. キャベツがしんなりしてきたら、②のヌードルとゆで汁を加えて炒め合わせ、塩、こしょうで味を調え、器に盛り付ける。

春なら、キャベツを春キャベツやたけのこ、
スナップエンドウなどに変えても◎

| カロリー：460kcal | |
|---|---|
| たんぱく質：17.8g | 糖質：43.5g |
| 食物繊維：13.1g | 塩分：1.3g |

食物繊維プラス　500kcal以下

| カロリー：646kcal | |
|---|---|
| たんぱく質：24.2g | 糖質：44.5g |
| 食物繊維：14.8g | 塩分：2.2g |

# ねぎだくパスタ

［オイルソース］ 15分

たんぱく質プラス　食物繊維プラス

**材料（1人分）**

ゼンブヌードル（丸麺）…… 1束
厚切りベーコン …… 60g
青ねぎ …… 1/2束
にんにく …… 1片
オリーブオイル …… 大さじ1
赤唐辛子 …… 2本
塩 …… 適量

**作り方**

1. ベーコンは5mmの厚さに切る。青ねぎは上1/3を小口切りにし、残りは8cmの長さに切る。にんにくは薄切りにする。
2. ゼンブヌードル（丸麺）は沸騰した湯で7分ゆでる。ゆで汁を50mℓ取って、ヌードルはざるに上げて、ぬるま湯でサッと洗い、水気を切る。
3. ②と同時にフライパンにベーコン、オリーブオイル、にんにく、赤唐辛子を入れ、にんにくの香りが立つまで弱火で加熱する。
4. 8cm長さに切った青ねぎ、ヌードル、ゆで汁、塩を加えて和える。器に盛り、小口切りにした青ねぎを散らす。

| カロリー：411kcal | |
|---|---|
| たんぱく質：18.5g | 糖質：42.3g |
| 食物繊維：14.1g | 塩分：1.7g |

グルテンフリー　たんぱく質プラス　食物繊維プラス　500kcal以下

# フライパンひとつで小松菜のボンゴレ

[ オイルソース ]　10分（あさりの砂出しの時間はのぞく）

### 材料（1人分）

ゼンブヌードル（細麺）…… 1束
水 …… 250mℓ
あさり …… 80 g
オリーブオイル …… 大さじ1
にんにく（みじん切り）…… 1片分
赤唐辛子（小口切り）…… 少々
白ワイン …… 大さじ1
小松菜 …… 80g
塩 …… ひとつまみ

### 作り方

1. あさりは砂出しをし、よく洗う。
2. フライパンにオリーブオイルを弱火で熱し、にんにく、赤唐辛子を加えて炒め、香りが立ったら、水、白ワイン、半分に折ったゼンブヌードル（細麺）、①と3cm長さに切った小松菜も加えてふたをして、強めの中火にする。
3. 煮立ったら一度ほぐすように混ぜ、再びふたをして弱火で3分蒸し煮にする。
4. ふたを取り、塩で味を調え、器に盛り付ける。

カロリー：465kcal

たんぱく質：17.4g　糖質：46.7g

食物繊維：13.2g　塩分：1.4g

グルテンフリー　食物繊維プラス　500kcal以下

# レモンのオイルパスタ

［オイルソース］　15分

### 材料（1人分）

ゼンブヌードル（丸麺）……1束
水……600㎖
レモン……1/2個
塩……小さじ1
オリーブオイル……大さじ1
おろしにんにく……少々
バター……5g
粉チーズ……適量
粗びき黒こしょう……少々

### 作り方

1. レモンは2枚分を薄切りにして飾り用に取っておく、残りは皮をむいて、果肉を小さめに切る。
2. 鍋に水を入れて中火にかけ、沸騰したら塩を加え、ゼンブヌードル（丸麺）を入れて6分半ゆでる。
3. フライパンにオリーブオイルを弱めの中火で熱し、にんにく、レモンの果肉を入れる。ヌードルがゆであがる1分前に鍋からゆで汁50㎖を取ってフライパンに加える。
4. ヌードルがゆであがったら、③のフライパンに移し、ゆすりながら、ソースが白くとろっとするまで加熱したら、バターを加えてサッと混ぜて火を止める。
5. 器に盛り付け、粉チーズ、粗びき黒こしょうをふり、飾り用に残しておいたレモンをのせる。

# アボカドの
# レモンチーズパスタ

［オイルソース］ 10分未満

カロリー：607kcal

| たんぱく質：22.2g | 糖質：45.2g |
| --- | --- |
| 食物繊維：15.5g | 塩分：1.1g |

グルテンフリー　たんぱく質プラス　食物繊維プラス　塩分控えめ

**材料（1人分）**

ゼンブヌードル（丸麺）…… 1束
水 …… 250mℓ
アボカド …… 1/2個
カマンベールチーズ …… 30g
A
- レモン汁 …… 大さじ1と1/2〜2
- オリーブオイル …… 大さじ1
- 砂糖 …… 小さじ1/3
- 塩 …… 少々

粗びき黒こしょう …… 適量

**作り方**

1. アボカドとカマンベールチーズは一口大に切る。
2. フライパンに水と半分に折ったゼンブヌードル（丸麺）を入れ、ふたをして強めの中火にかける。煮立ったら一度ほぐすように混ぜ、再びふたをして弱めの中火で7分蒸し煮にする。
3. ふたを取り、火を強めの中火にし、①を加える。水分を飛ばすように炒め合わせたら、混ぜ合わせたAを加えてなじませる。火を止めて器に盛り付ける。仕上げに粗びきこしょうをふる。

味付けもシンプルで簡単なのに
華やかでお店のような仕上がりに

カロリー：392kcal
たんぱく質：17.3g　糖質：41.2g
食物繊維：14.6g　塩分：2.0g

グルテンフリー　500kcal以下　食物繊維プラス

ブロッコリーと豆の甘みが引き立つシンプルレシピ

## ブロッコリーソースのパスタ

［オイルソース］　15分

**材料（1人分）**

ゼンブヌードル（丸麺）…… 1束
ブロッコリー …… 1/2個
オリーブオイル …… 大さじ1
塩 …… 小さじ1/3

**作り方**

❶ 鍋に湯を沸かし、小房に分けたブロッコリーを入れてゆで、2分たったところでゼンブヌードル（丸麺）も加え、7分ゆでる。
❷ ブロッコリーが柔らかくなったら取り出し、ボウルに入れて麺棒などでつぶす。
❸ ヌードルがゆであがったらざるに上げて水気を切り、②のボウルに入れ、オリーブオイル、塩を加えて和え、器に盛り付ける。

## ヴィーガン チリコンカーンパスタ

［トマトソース］　20分

**材料（1人分）**

ゼンブヌードル（丸麺）…… 1束
たまねぎ …… 1/4個
にんじん …… 20g
セロリ …… 20g
にんにく …… 1片
パクチー …… 10g
オリーブオイル …… 大さじ1
クミンシード …… 小さじ1/2
赤唐辛子 …… 1/2本
ミックスビーンズ …… 50g
トマトケチャップ …… 大さじ1
塩 …… 小さじ1/2弱
カットトマト缶 …… 100g
チリパウダー …… 小さじ1/2
こしょう …… 少々

**作り方**

❶ たまねぎ、にんじん、セロリ、にんにく、パクチーをみじん切りにする。パクチーは飾り用に少々取っておく。
❷ フライパンにオリーブオイルとにんにく、クミンシードを入れ、弱火で香りが出るまで炒める。
❸ ②にたまねぎと赤唐辛子を加え、たまねぎのフチが透明になるまで弱めの中火で炒める。
❹ たまねぎの色が変わってきたら、ミックスビーンズとにんじん、セロリ、ケチャップ、塩を加えて炒め、油が全体に回ったらパクチー、カットトマト、チリパウダーを加えて軽く煮込む。
❺ ゼンブヌードル（丸麺）は沸騰した湯で7分ゆでる。ざるに上げて、ぬるま湯でサッと洗い、水気を切る。
❻ ヌードルを④に加えて軽く炒め、こしょうで味を調え、最後に①の飾り用のパクチーを加える。

メキシコやアメリカ南部の郷土料理をヴィーガンパスタにアレンジ

カロリー：527kcal
たんぱく質：22.7g　糖質：58.4g
食物繊維：19.4g　塩分：2.7g

たんぱく質プラス　食物繊維プラス

# レモンと<br>オリーブのパスタ

［オイルソース］　20分

| カロリー：557kcal | |
|---|---|
| たんぱく質：15.4g | 糖質：44.8g |
| 食物繊維：15.3g | 塩分：4.2g |

グルテンフリー　食物繊維プラス

### 材料（1人分）

ゼンブヌードル（丸麺）……1束
オリーブ……10～20粒
レモン……1/2個
塩……小さじ1/2
オリーブオイル……大さじ2
ディル……1本

### 作り方

1. 沸騰した湯でゼンブヌードル（丸麺）を7分ゆでる。その間に、オリーブを薄切りにする。レモンは2枚分薄切りにし、さらにいちょう切りにする。レモンの余りはボウルに絞る。そこに塩とオリーブオイルを入れてしっかり混ぜる。
2. ヌードルがゆであがったら、ざるに上げて、ぬるま湯でサッと洗い、水気を切る。①のボウルに入れてよく混ぜ、器に盛り付ける。
3. ①のオリーブ、レモンを飾り付け、仕上げにディルをちぎってのせて完成。

# カキのオイルパスタ

グルテンフリー　たんぱく質プラス　食物繊維プラス

［オイルソース］　15分

**材料（1人分）**

ゼンブヌードル（丸麺）…… 1束
水 …… 250mℓ
カキ …… 100g
片栗粉 …… 適量
塩 …… ひとつまみ
にんにく（みじん切り）…… 1/2片分
白ワイン …… 大さじ1
赤唐辛子（小口切り）…… 少々
オリーブオイル …… 大さじ2
イタリアンパセリ（細かく刻む）…… 適量

**作り方**

1. ボウルにカキ、片栗粉を入れて軽く混ぜる。水（分量外）を加えてやさしく洗い、水がほぼ透明になるまで水を替えながら洗ったら、ペーパータオルで水分を取る。
2. フライパンに半分に折ったゼンブヌードル（丸麺）と水を入れて火にかけ、沸騰したらふたをして、弱めの中火で加熱する。
3. 2分たったら、一度ふたを取って軽く混ぜ、①のカキ、塩、にんにく、白ワイン、赤唐辛子を加えて再びふたをする。
4. さらに5分たったらふたを取り、オリーブオイルとイタリアンパセリを加えて火を強め、フライパンをゆすりながらソースがとろっとするまで加熱し、器に盛り付ける。

# 塩麹ラタトゥイユパスタ

［オイルソース］ 15分

| カロリー：523kcal | |
|---|---|
| たんぱく質：19.0g | 糖質：71.3g |
| 食物繊維：16.5g | 塩分：4.5g |

たんぱく質プラス
食物繊維プラス

野菜の旨みがヌードルに染み込む
手の込んだパスタのような仕上がり

**材料（1人分）**

ゼンブヌードル（丸麺）……1束
水……200mℓ
トマト……中1個
なす……1/2本
ズッキーニ……1/3本
たまねぎ……1/4個
パプリカ（黄）……1/4個
塩麹……大さじ2
塩……少々
オリーブオイル……大さじ1

**作り方**

1. 野菜はすべて小さめの角切りにする。
2. フライパンに水と半分に折ったゼンブヌードル（丸麺）、①、塩麹を入れ、ふたをして強めの中火にかける。煮立ったら一度ほぐすように混ぜ、再びふたをして弱めの中火で7分蒸し煮にする。
3. ふたを取り、少し煮るようにして塩で味を調える。最後にオリーブオイルを回しかける。

# ドライトマトとごぼう、ハーブのパスタ

にんにくと炒めたごぼうが
洋風パスタにピッタリ

［オイルソース］ 15分（ドライトマトのもどし時間をのぞく）

**材料（1人分）**

ゼンブヌードル（丸麺）……1束
ドライトマト……15g
ごぼう……100g
ルッコラ……適量
オリーブオイル……大さじ1と1/2
にんにく……1片
赤唐辛子……1/2本
しょうゆ……小さじ2/3
塩……少々

**作り方**

1. ドライトマトは5㎜幅に刻み、ひたひたのぬるま湯（分量外）に10分以上浸す。ごぼうは斜め薄切りにしてから数枚ずつ重ねて細切りにし、水に5～10分さらし、水気を切っておく。ルッコラは食べやすく刻む。
2. フライパンにオリーブオイルとつぶしたにんにくを入れ、弱火でにんにくが色づくまで加熱する。赤唐辛子とごぼうを加えてごぼうがしんなりするまで2分ほど炒める。
3. ゼンブヌードル（丸麺）は沸騰した湯で7分ゆでる。ざるに上げて、ぬるま湯でサッと洗い、水気を切る。
4. ②のフライパンにドライトマトをもどし汁ごと加えて煮立たせ、③を加えて汁気を吸わせるように炒め合わせる。ルッコラを加え、しょうゆと塩で味付けをする。

| カロリー：537kcal | |
|---|---|
| たんぱく質：19.2g | 糖質：57.6g |
| 食物繊維：19.5g | 塩分：1.2g |

たんぱく質プラス
食物繊維プラス

たんぱく質 プラス
食物繊維 プラス
塩分 控えめ

# 焼き野菜パスタ

［ オイルソース ］ 15分

## 材料（1人分）

ゼンブヌードル（丸麺）…… 1束
かぼちゃ …… 50g
アボカド …… 1/4個
なす …… 1/2本
ブロッコリー …… 30g
オリーブオイル …… 大さじ1
バター …… 5g
ミニトマト …… 5個
しょうゆ …… 小さじ1
バルサミコ酢 …… 大さじ1/2

## 作り方

1. かぼちゃは薄切りにする。アボカドはくし形に切る。なすは縦半分に切る。ブロッコリーは小房に分ける。
2. ゼンブヌードル（丸麺）は沸騰した湯で7分ゆでる。ゆで汁を50mℓ取って、ヌードルはざるに上げて、ぬるま湯でサッと洗い、水気を切る。
3. ②と同時にフライパンにオリーブオイルをひき中火にかけ、かぼちゃ、アボカド、なす、ブロッコリーを焼く。
4. 全体に焼き色がついたらアボカドを取り出し、バター、②のヌードルとゆで汁、ミニトマトを加え、サッと和えたらしょうゆで味を調える。器に盛り、バルサミコ酢をかける。

# 塩昆布の
# のりバターパスタ

［和風］ 10分

カロリー：388kcal
たんぱく質：17.1g　糖質：48.2g
食物繊維：12.8g　塩分：4.0g

食物繊維プラス　500kcal以下

**材料（1人分）**

ゼンブヌードル（細麺）…… 1束
バター …… 大さじ1
塩昆布 …… 5g
麺つゆ（2倍濃縮）…… 大さじ3
刻みのり …… 適量

**作り方**

1. ゼンブヌードル（細麺）は沸騰した湯で3分ゆで、ざるに上げて、ぬるま湯でサッと洗い、水気を切る。
2. 温かいうちにバターを加えて和える。さらに塩昆布、麺つゆを加え全体を和える。バターが溶けにくい場合は、バターを10秒程度電子レンジで温めてから和える。
3. 器に盛り付け、刻みのりを散らす。

カロリー：401kcal
たんぱく質：22.4g　糖質：45.6g
食物繊維：15.0g　塩分：1.0g

たんぱく質プラス　500kcal以下　食物繊維プラス　塩分控えめ

ゼンブヌードルをレンチンして
納豆をのせて調味料と和えるだけ！

# 電子レンジで納豆パスタ

［和風］　10分未満

**材料（1人分）**

ゼンブヌードル（丸麺）…… 1束
水 …… 200㎖
納豆 …… 1パック
麺つゆ（2倍濃縮）…… 小さじ1
オリーブオイル …… 小さじ1
粗びき黒こしょう …… お好みで
青ねぎ（小口切り）…… 適量

**作り方**

❶ 納豆は添付のたれを加えて、混ぜる。
❷ ゼンブヌードル（丸麺）は半分に折って、耐熱容器に入れ、水、麺つゆ、オリーブオイルを加えて、電子レンジ（600W）で8分30秒加熱する。
❸ 電子レンジから取り出し、全体を軽く混ぜ合わせ、器に盛り付ける。①の納豆をのせ、お好みで粗びき黒こしょうをふり、ねぎを散らす。

# 鶏とキャベツのゆずこしょうパスタ

［和風］　15分

**材料（1人分）**

ゼンブヌードル（丸麺）…… 1束
鶏もも肉 …… 120g
キャベツ …… 1枚（100g）
白ワイン …… 大さじ1
塩 …… 小さじ1/2弱
オリーブオイル …… 大さじ1
ゆずこしょう …… 小さじ1/2

**作り方**

❶ ゼンブヌードル（丸麺）は沸騰した湯で7分ゆでる。ざるに上げて、ぬるま湯でサッと洗い、水気を切る。
❷ 鶏肉とキャベツを一口大に切り、鶏肉には白ワインと塩で下味をつける。
❸ フライパンにオリーブオイルを中火で熱し、鶏肉を下味ごと加えて炒める。
❹ 鶏肉の表面に火が通ったら、キャベツを加えてふたをして3分ほど弱めの中火で蒸し焼きにする。キャベツが焦げないようにときどき混ぜる。
❺ 具材に火が通ったら、①とゆずこしょうを加えて混ぜ、全体になじんだら火を止める。

カロリー：711kcal
たんぱく質：36.7g　糖質：44.5g
食物繊維：13.8g　塩分：2.8g

グルテンフリー　食物繊維プラス　たんぱく質プラス

カロリー：569kcal

| たんぱく質：35.2g | 糖質：45.0g |
| --- | --- |
| 食物繊維：13.0g | 塩分：3.0g |

たんぱく質プラス　食物繊維プラス

# サバ缶と<br>ししとうのパスタ

［和風］ 15分

**材料（1人分）**

ゼンブヌードル（丸麺）…… 1束
ししとう …… 4本
オリーブオイル …… 大さじ1
サバ缶（水煮）…… 1/2缶
塩 …… 少々
粗びき黒こしょう …… 少々
おろしにんにく …… 小さじ1程度
しょうゆ …… 大さじ1/2
レモン（薄切り）…… 1枚

**作り方**

1. ししとうは、1cm幅の斜め切りにする。
2. ゼンブヌードル（丸麺）は沸騰した湯で7分ゆでる。ざるに上げて、ぬるま湯でサッと洗い、水気を切る。
3. フライパンにオリーブオイルを中火で熱し、ししとう、汁気を切ったサバ缶を加える。サバをほぐしながらししとうの両面に焼き目がつくまで炒める。塩、粗びき黒こしょう、おろしにんにくを加えサッと炒める。
4. ③に②、しょうゆを加え、サッと炒め合わせる。器に盛り付け、レモンをのせる。

| カロリー：524kcal | |
|---|---|
| たんぱく質：28.7g | 糖質：49.0g |
| 食物繊維：16.1g | 塩分：2.7g |

たんぱく質プラス　食物繊維プラス

# にんじんたらこパスタ

［和風］　15分

**材料（1人分）**

ゼンブヌードル（丸麺）……1束
にんじん……1/2本
えのきだけ……1/3袋
たらこ……小1/2腹（25g）
バター……大さじ1
水……大さじ1
マヨネーズ……小さじ2
のり……適量

**作り方**

1. にんじんはスライサーなどで千切りに、えのきだけはほぐし、たらこは皮をのぞく。
2. フライパンにバターを中火で熱し、にんじん、えのきだけ、水を入れてふたをして熱し、にんじんが柔らかくなるまで蒸し焼きにする。
3. ゼンブヌードル（丸麺）は沸騰した湯で7分ゆでる。ざるに上げて、ぬるま湯でサッと洗い、水気を切る。
4. ボウルに②とマヨネーズ、たらこ、③を加えて手早く和える。器に盛り付け、ちぎったのりを散らす。

# キムチとたらこのパスタ

［和風］ 10分

| カロリー：486kcal | |
|---|---|
| たんぱく質：28.8g | 糖質：48.4g |
| 食物繊維：13.4g | 塩分：3.0g |

たんぱく質プラス　500kcal以下　食物繊維プラス

**材料（1人分）**

ゼンブヌードル（丸麺）…… 1束
長いも …… 3cm（50g）
たらこ …… 小1腹（50g）
白菜キムチ …… 30g
ごま油 …… 大さじ1
のり …… 適量

**作り方**

❶ 長いもは千切りにし、たらこは皮をのぞいてほぐす。
❷ ボウルに①、キムチ、ごま油を入れて混ぜ合わせる。
❸ 沸騰した湯でゼンブヌードル（丸麺）を7分ゆで、ざるに上げ、水気を切ったら、②に加えて和える。
❹ 器に盛り付け、ちぎったのりを散らす。

# きのこたっぷり和風パスタ

［和風］ 15分

| カロリー：345kcal | |
|---|---|
| たんぱく質：18.1g | 糖質：47.8g |
| 食物繊維：15.2g | 塩分：2.9g |

たんぱく質プラス　500kcal以下　食物繊維プラス

**材料（1人分）**

ゼンブヌードル（丸麺）…… 1束
しめじ …… 1/2袋（50g）
まいたけ …… 1/2袋（50g）
バター …… 10g
麺つゆ（2倍濃縮）…… 大さじ3
大葉 …… お好みで

**作り方**

❶ しめじ、まいたけは石づきを取り、小房に分ける。
❷ フライパンにバターを中火で熱し、①を入れる。サッと全体を炒め、ふたをして3分蒸す。ふたを取り、麺つゆを回しかける。
❸ 別の鍋で沸騰させた湯に、ゼンブヌードル（丸麺）を入れて7〜8分ゆでる。ざるに上げて、ぬるま湯でサッと洗い、水気を切る。②に加え、サッと炒め合わせる。
❹ ③を器に盛り付け、お好みで千切りにした大葉をのせる。

# 豆腐と梅肉の
# 和風パスタ

［和風］ 15分

| カロリー：491kcal | |
|---|---|
| たんぱく質：25.4g | 糖質：44.2g |
| 食物繊維：13.1g | 塩分：4.3g |

たんぱく質プラス　食物繊維プラス　500kcal以下

材料（1人分）

ゼンブヌードル（丸麺）…… 1束
水 …… 250mℓ
木綿豆腐 …… 1/2丁
梅干し（甘くないもの）…… 大1個
ごま油 …… 大さじ1
しょうゆ …… 小さじ1
塩 …… 少々
かいわれ大根 …… 少々

作り方

1. 豆腐はペーパータオルに包んで5分ほどおく。梅干しは種を取ってたたく。
2. フライパンに水と半分に折ったゼンブヌードル（丸麺）を入れ、ふたをして強めの中火にかける。煮立ったら一度ほぐすように混ぜ、再びふたをして弱めの中火で7分蒸し煮にする。
3. ふたを取り、火を強めの中火にし、水分を飛ばすように炒めたら、ごま油を加え、豆腐を小さめにちぎりながら入れる。しょうゆ、梅肉を加えてしっかり炒め合わせ、塩で味を調え、半分に切ったかいわれを散らす。

カロリー：380kcal
たんぱく質：19.8g　糖質：47.8g
食物繊維：14.0g　塩分：3.2g

たんぱく質プラス　500kcal以下　食物繊維プラス

## ほうれんそうとベーコンの和風パスタ

ベーコンから出る脂で炒めてヘルシー
定番の和風パスタ

［和風］　15分

**材料（1人分）**

ゼンブヌードル（丸麺）…… 1束
ベーコン …… 2枚（30g）
ほうれんそう …… 1/4袋（80g）
おろしにんにく …… 小さじ1/2
麺つゆ（2倍濃縮）…… 大さじ3
粗びき黒こしょう …… 少々

**作り方**

1. ベーコンは1㎝幅の短冊切りにする。ほうれんそうは3㎝幅に切る。
2. フライパンにベーコンを入れて中火で熱す。ベーコンの脂が出てきたら、ほうれんそうを加えてしんなりするまで炒める。おろしにんにく、麺つゆを加え全体を炒め合わせる。
3. 別の鍋で沸騰させた湯に、ゼンブヌードル（丸麺）を入れて7〜8分ゆでる。ぬるま湯でサッと洗い、水気を切る。②に加え、サッと炒め合わせる。
4. ③を器に盛り付け、粗びき黒こしょうをふる。

## 電子レンジでツナの和風パスタ

［和風］　10分未満

**材料（1人分）**

ゼンブヌードル（丸麺）…… 1束
水 …… 200㎖
ツナ缶 …… 1缶（80g）
しょうゆ …… 大さじ1/2
おろしにんにく …… 少々
青ねぎ（小口切り）…… 適量

**作り方**

1. ゼンブヌードル（丸麺）は半分に折って、耐熱容器に入れ、ねぎ以外の材料を入れ、電子レンジ（600W）で8分30秒加熱する。
2. 電子レンジから取り出して全体を混ぜ合わせ、器に盛り付け、ねぎをのせる。

カロリー：504kcal
たんぱく質：30.6g　糖質：42.9g
食物繊維：11.9g　塩分：2.1g

たんぱく質プラス　食物繊維プラス

カロリー：401kcal
たんぱく質：20.5g　糖質：49.6g
食物繊維：14.2g　塩分：2.6g

グルテンフリー　たんぱく質プラス　食物繊維プラス　500kcal以下

# エスニック風あさりとトマトのスープパスタ

［スープパスタ］　15分（あさりの砂出しの時間はのぞく）

### 材料（1人分）

ゼンブヌードル（丸麺）……1束
水……300mℓ
トマト……中1個
あさり……150g
にんにく（みじん切り）……1片分
サラダ油……小さじ2
青ねぎ（小口切り）……1本分
ナンプラー……小さじ1
ディルの葉……適量

### 作り方

1. トマトは角切りにする。あさりは砂出しをし、よく洗う。
2. ゼンブヌードル（丸麺）は沸騰した湯で7分ゆでる。ざるに上げて、ぬるま湯でサッと洗い、水気を切る。
3. 小鍋ににんにくとサラダ油を入れて中火にかけ、にんにくが色づいてきたらあさりとトマト、水を加えてあさりの口が全部開くまで蒸し煮にする。
4. ②と青ねぎを加え、ナンプラーで味付けして器に盛り付け、ディルの葉を散らす。

# あさりとレタスの スープパスタ

| カロリー：378kcal | |
| --- | --- |
| たんぱく質：21.9g | 糖質：43.5g |
| 食物繊維：12.3g | 塩分：3.8g |

たんぱく質プラス　500kcal以下　食物繊維プラス

［スープパスタ］　10分未満（あさりの砂出しの時間はのぞく）

**材料（1人分）**

ゼンブヌードル（丸麺）…… 1束
だし汁 …… 300mℓ
あさり …… 200g
酒 …… 大さじ1
レタス …… 大1～2枚
しょうゆ …… 大さじ1/2
塩 …… 少々
ごま油 …… 大さじ1/2

**作り方**

1. あさりは砂出しをし、よく洗う。
2. フライパンにだし汁、酒、半分に折ったゼンブヌードル（丸麺）を入れ、あさりも加えてふたをして、強めの中火にかける。煮立ったら一度ほぐすように混ぜ、再びふたをして弱めの中火で7分蒸し煮にする。
3. ふたを取り、火を強めの中火にして、レタスをちぎり入れ、すぐにしょうゆ、塩で味を調えてひと混ぜし、ごま油を回しかける。

あさりの酒蒸しとヌードルをゆでる工程を同時に行う究極の時短レシピ

# きのことベーコンの クイックスープパスタ

［スープパスタ］　10分未満

**材料（1人分）**

ゼンブヌードル（細麺）…… 1束
水 …… 250mℓ
きのこ（しめじやまいたけなどお好みのもの）
…… 1/2袋（50g）
ベーコン …… 1枚（15g）
麺つゆ（2倍濃縮）…… 大さじ1と1/2
粗びき黒こしょう …… 適量

**作り方**

1. きのこは石づきを取って食べやすい大きさにほぐし、ベーコンは1cm幅の短冊切りにする。
2. 耐熱容器に半分に折ったゼンブヌードル（細麺）と残りの材料をすべて入れ、ラップをかけて電子レンジ（600W）で5分加熱する。
3. ラップを取り、ヌードルをほぐすように混ぜ、お好みで追加で粗びき黒こしょうをふる。

豆ときのこの旨みが溶け出したスープは、飲み干せるおいしさ

| カロリー：355kcal | |
| --- | --- |
| たんぱく質：18.5g | 糖質：44.8g |
| 食物繊維：13.5g | 塩分：1.8g |

たんぱく質プラス　500kcal以下　食物繊維プラス

# 春野菜のスープパスタ

［スープパスタ］ 15分

| カロリー：424kcal | |
|---|---|
| たんぱく質：21.1g | 糖質：48.1g |
| 食物繊維：14.7g | 塩分：3.1g |

たんぱく質プラス　500kcal以下　食物繊維プラス

**材料（1人分）**

ゼンブヌードル（丸麺）…… 1束
水 …… 300mℓ
スナップえんどう …… 2本
春キャベツ …… 50g
菜の花 …… 30g
ハム …… 2枚
にんにく（みじん切り）…… 1片分
オリーブオイル …… 小さじ2
コンソメ（顆粒）…… 小さじ2

**作り方**

1. スナップえんどうは筋を取って縦半分に開く。キャベツと菜の花は食べやすい大きさに切る。ハムは8等分に切る。
2. フライパンに、にんにくとオリーブオイルを入れて中火にかけ、にんにくが色付いてきたら水を加える。
3. 沸騰したら、半分に折ったゼンブヌードル（丸麺）、残りの材料をすべて入れ、ふたをして弱火で7〜8分蒸し煮にする。
4. 器に盛り付ける。

# たらとトマトのスープパスタ

［スープパスタ］ 20分

**材料（1人分）**

ゼンブヌードル（丸麺）…… 1束
たまねぎ …… 50g
セロリ …… 20g
長ねぎ …… 30g
にんにく …… 1片
オリーブオイル …… 小さじ2
たら …… 1切れ
白ワイン …… 大さじ1
カットトマト缶 …… 1/2缶（200g）
塩 …… 小さじ2/3
水 …… 100mℓ
こしょう …… 少々
溶けるチーズ …… 30g
パセリ（みじん切り）…… 小さじ1

**作り方**

1. ゼンブヌードル（丸麺）は沸騰した湯で7分ゆでる。ざるに上げて、ぬるま湯でサッと洗い、水気を切る。
2. たまねぎ、セロリは薄切り、長ねぎは千切り、にんにくはみじん切りにする。
3. フライパンにオリーブオイルを中火で熱し、にんにくを炒め、香りが出てきたらたまねぎ、長ねぎ、セロリを炒める。
4. ③に火が通ったら、たらと、白ワイン、カットトマト、塩、水を加えて5分ほど煮込む。
5. ④に①とこしょうを加えて味を調える。チーズとパセリをかける。
6. チーズが溶けたら器に盛り付ける。

| カロリー：605kcal | |
|---|---|
| たんぱく質：42.3g | 糖質：54.8g |
| 食物繊維：16.7g | 塩分：4.5g |

グルテンフリー　食物繊維プラス　たんぱく質プラス

# かぶとベーコンの<br>スープパスタ

［スープパスタ］ 15分

| カロリー：453kcal | |
| --- | --- |
| たんぱく質：17.7g | 糖質：42.6g |
| 食物繊維：12.6g | 塩分：2.2g |

食物繊維プラス　500kcal以下

### 材料（1人分）

ゼンブヌードル（丸麺）…… 1束
水 …… 300mℓ
ベーコン …… 1枚（15g）
かぶ …… 1個
にんにく …… 1片
オリーブオイル …… 大さじ1
コンソメ（顆粒）…… 小さじ1
塩 …… ひとつまみ

### 作り方

1. ベーコンは食べやすい大きさに切る。かぶは1cm幅のくし形切りにする。葉は3cm長さに切る。にんにくは縦半分に切り、軽くつぶす。
2. フライパンに、にんにくとオリーブオイルを入れて中火にかけ、にんにくが色づいてきたらかぶ（根）を加え、両面を軽く焼きつける。
3. ②に水を加え、沸騰したら半分に折ったゼンブヌードル（丸麺）、残りの材料をすべて入れ、ふたをして弱火で7〜8分蒸し煮にする。
4. 器に盛り付ける。

カロリー：563kcal

| たんぱく質：24.1g | 糖質：43.2g |
|---|---|
| 食物繊維：12.6g | 塩分：0.9g |

グルテンフリー　たんぱく質プラス　食物繊維プラス　塩分控えめ

# 生ハムと水菜の冷製クリームパスタ

［冷製］ 10分

### 材料（1人分）

ゼンブヌードル（細麺）…… 1束
生ハム …… 3〜4枚
水菜 …… 1/2株
おろしにんにく …… 小さじ1/2
生クリーム …… 50mℓ
粉チーズ …… 大さじ1
粗びき黒こしょう …… 少々

### 作り方

1. 生ハムは食べやすい大きさにちぎる。水菜は食べやすい長さに切る。
2. ゼンブヌードル（細麺）は沸騰した湯で5分ゆでる。ゆで汁大さじ2をボウルに取ってざるに上げ、氷水につけてしめ、水気をしっかり切る。
3. ゆで汁が入ったボウルに、おろしにんにく、生クリーム、粉チーズを合わせたら①、②を加えて全体を和える。器に盛り付け、粗びき黒こしょうをふる。

# 夏野菜のマリネのパスタ

［冷製］ 10分

| カロリー：575kcal | |
|---|---|
| たんぱく質：16.0g | 糖質：47.4g |
| 食物繊維：13.1g | 塩分：1.4g |

食物繊維プラス

**材料（1人分）**

ゼンブヌードル（細麺）……1束
きゅうり……1/2本
パプリカ（黄）……1/4個
ミニトマト……2個
A
- オリーブオイル……大さじ2
- 酢……大さじ1と1/2
- 砂糖……小さじ1
- おろしにんにく……小さじ1/2
- 塩、こしょう……各ふたつまみ

フレッシュバジル（みじん切り）……お好みで

**作り方**

1. きゅうりは縦4つ割りにして1cm幅に切る。パプリカは細切りにする。ミニトマトは4等分に切る。混ぜ合わせたAに野菜を入れ、冷蔵庫で冷やす。
2. ゼンブヌードル（細麺）は沸騰した湯で4〜5分ゆで、ざるに上げ、氷水につけてしめ、水気をしっかり切る。
3. ①と②を和え、器に盛り付ける。バジルをお好みで散らす。

カロリー：446kcal
たんぱく質：22.6g　糖質：47.2g
食物繊維：15.8g　塩分：3.1g

たんぱく質プラス　500kcal以下　食物繊維プラス

## アボカドとエビのわさびぽん酢パスタ

［冷製］　10分

**材料（1人分）**

ゼンブヌードル（丸麺）…… 1束
味付けぽん酢 …… 大さじ2
わさび …… 適量
アボカド …… 1/2個
ボイルエビ …… 30g
紫たまねぎ（薄切り）…… 適量

**作り方**

1. ゼンブヌードル（丸麺）は沸騰した湯で10分ゆで、ざるに上げ、水につけてしめ、水気をしっかり切る。
2. ボウルにぽん酢とわさびを入れて混ぜ合わせ、1cm角に切ったアボカド、ボイルエビ、紫たまねぎ、①を加えて和え、器に盛り付ける。

## しらすとトマトの冷製パスタ

［冷製］　10分

**材料（1人分）**

ゼンブヌードル（細麺）…… 1束
水 …… 400mℓ
ミニトマト …… 3個
しらす …… 25g
A［麺つゆ（2倍濃縮）…… 大さじ2
　オリーブオイル …… 大さじ1
　おろしにんにく …… 少々］
大葉 …… 2枚

**作り方**

1. 耐熱容器に半分に折ったゼンブヌードル（細麺）と水を入れ、電子レンジ（600W）で6分30秒加熱する。
2. ボウルに4つに切ったミニトマトとしらす、Aを入れて混ぜ合わせる。
3. ヌードルがゆであがったら、ざるに上げ、氷水につけてしめ、水気をしっかり切る。②のボウルに入れて和える。
4. 器に盛り付け、手でちぎった大葉を散らす。

カロリー：459kcal
たんぱく質：25.9g　糖質：48.1g
食物繊維：12.5g　塩分：3.6g

たんぱく質プラス　500kcal以下　食物繊維プラス

カロリー：475kcal

たんぱく質：24.5g　糖質：48.8g

食物繊維：13.7g　塩分：1.9g

たんぱく質プラス　食物繊維プラス　500kcal以下

# トマトとツナの冷製パスタ

［冷製］　10分

**材料（1人分）**

ゼンブヌードル（細麺）……1束
ツナ缶……1/2缶（40g）
トマト……小1個
大葉……3枚
おろしにんにく……小さじ1/2
オリーブオイル……大さじ1
味付けぽん酢……大さじ1

**作り方**

1. ツナ缶は油を切る。トマトは食べやすい大きさに切る。大葉は千切りにする。
2. ボウルに①とおろしにんにく、オリーブオイル、ぽん酢を入れて混ぜ合わせる。
3. 沸騰した湯で、ゼンブヌードル（細麺）を4〜5分ゆで、ざるに上げ、氷水につけてしめ、水気をしっかり切る。
4. ③を②と合わせて和え、器に盛り付ける。

# アボカドとサーモンの青ねぎソースパスタ

［冷製］ 20分

| カロリー：762kcal | |
|---|---|
| たんぱく質：34.2g | 糖質：43.3g |
| 食物繊維：17.9g | 塩分：2.5g |

たんぱく質プラス
食物繊維プラス

サーモン×アボカドの鉄板の組み合わせを冷製パスタで

**材料（1人分）**

ゼンブヌードル（丸麺）…… 1束
刺身用サーモン …… 80g
アボカド …… 1/2個

〈ソース〉
青ねぎ …… 20g
たまねぎ …… 10g
オリーブオイル …… 大さじ1
水 …… 大さじ1
リンゴ酢 …… 小さじ2
塩 …… 小さじ1/2
こしょう …… 少々

**作り方**

1. 〈ソース〉の青ねぎとたまねぎは適当な大きさに切って、耐熱皿に入れ、ふんわりとラップをかけて電子レンジ（600W）で30秒加熱する。
2. フードプロセッサーに①と〈ソース〉の残りの材料をすべて入れて、青ねぎの粒が少し残る程度に撹拌する。
3. サーモンとアボカドは食べやすい大きさに切る。
4. ゼンブヌードル（丸麺）は沸騰した湯で10分ゆで、ざるに上げ、水につけてしめ、水気をしっかり切る。
5. 器に④、サーモンとアボカドを盛り付け、②をかけて和えながらいただく。

氷水でしめたヌードルは調味料と和える前に、やさしく絞って水気をしっかり切って

| カロリー：517kcal | |
|---|---|
| たんぱく質：15.3g | 糖質：49.1g |
| 食物繊維：12.6g | 塩分：1.0g |

食物繊維プラス
塩分控えめ

# トマトとバジルの冷製パスタ

［冷製］ 10分

**材料（1人分）**

ゼンブヌードル（細麺）…… 1束
ミニトマト …… 5個
フレッシュバジル …… 3枚
A
- オリーブオイル …… 大さじ2
- リンゴ酢 …… 大さじ1
- レモン汁 …… 大さじ1
- 砂糖 …… 小さじ1
- 塩 …… ひとつまみ
- こしょう …… 少々

**作り方**

1. ミニトマトは4つに切り、バジルは粗めのみじん切りにする。
2. ボウルにAの材料、①を入れて和える。
3. ゼンブヌードル（細麺）は沸騰した湯で4～5分ゆで、ざるに上げ、氷水につけてしめ、水気をしっかり切る。②のボウルに入れて和える。
4. 器に盛り付ける。

# 野菜たっぷり
# マリネパスタ

［パスタサラダ］ 15分

| カロリー：487kcal | |
|---|---|
| たんぱく質：15.8g | 糖質：53.8g |
| 食物繊維：13.9g | 塩分：1.0g |

食物繊維プラス　500kcal以下　塩分控えめ

**材料（1人分）**

ゼンブヌードル（丸麺）…… 1束
パプリカ（赤・黄）…… 各1/4個
たまねぎ …… 1/4個
セロリ …… 1/3本
塩 …… 少々
A
- リンゴ酢 …… 大さじ2
- オリーブオイル …… 大さじ1と1/2
- 砂糖 …… 小さじ1
- 塩、こしょう …… 各少々

**作り方**

1. パプリカは細切りにする。たまねぎは薄切り、セロリは千切りにする。すべての野菜をボウルに入れて塩をふり、少ししたら水気を軽く絞り、**A**を加えて混ぜる。
2. ゼンブヌードル（丸麺）を沸騰した湯で7〜8分ゆでる。ざるに上げて、ぬるま湯でサッと洗い、水気を切る。①に加えてなじませ、器に盛り付ける。

カロリー：405kcal
たんぱく質：16.2g　糖質：23.1g
食物繊維：4.0g　塩分：1.8g

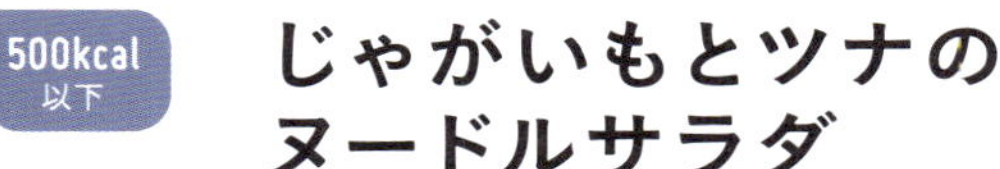


# じゃがいもとツナのヌードルサラダ

［パスタサラダ］　30分

**材料（2～3人分）**

ゼンブヌードル（丸麺）…… 1/2束
水 …… 600mℓ
じゃがいも …… 1個
たまねぎ …… 1/8個
ゆで卵 …… 1個
ツナ缶 …… 1缶（80g）
酢 …… 小さじ1
塩 …… 小さじ1/3
マヨネーズ …… 大さじ3
粗びき黒こしょう …… 少々

**作り方**

1. じゃがいもは皮をむいて1cm厚さの半月切りにし、水にサッとくぐらせる。たまねぎは薄切りにして水にさらし、水気を切る。ゆで卵は一口大に切る。ツナは油を切る。
2. フライパンに水、じゃがいもを入れてふたをして中火にかける。沸騰したら3分ほどゆで、4等分に折ったゼンブヌードル（丸麺）を加えて7分ゆでる。ゆで汁大さじ2を取って、ヌードルはざるに上げて水気を切る。
3. ボウルに②のヌードルを入れ、熱いうちにツナ、酢、塩を加えて混ぜる。粗熱が取れたらマヨネーズ、②のゆで汁を加えて混ぜ合わせ、たまねぎ、ゆで卵を加えてサッと和える。仕上げに粗びき黒こしょうをふる。

# アボカドのパスタサラダ

［パスタサラダ］　20分

**材料（1人分）**

ゼンブヌードル（丸麺）…… 1束
アボカド …… 1/2個
スモークサーモン …… 50g
紫キャベツ …… 適量
オリーブオイル …… 大さじ1と1/2
塩 …… 小さじ1/3
レモン汁 …… 大さじ1/2
ベビーリーフ …… 1/2袋
ディルの葉 …… 適量

**作り方**

1. アボカド、スモークサーモン、紫キャベツは食べやすい大きさに切る。
2. ゼンブヌードル（丸麺）を沸騰した湯で10分ゆで、ざるに上げて水でしめ、水気を切って器に盛り付ける。
3. ボウルにオリーブオイル、塩、レモン汁を入れて混ぜ、そこに①、ベビーリーフを加えて和える。
4. ②の上に③をのせ、ディルの葉を散らす。

カロリー：650kcal
たんぱく質：30.0g　糖質：43.0g
食物繊維：16.5g　塩分：3.9g

グルテンフリー　食物繊維プラス　たんぱく質プラス

| カロリー：290kcal | |
|---|---|
| たんぱく質：10.3g | 糖質：21.8g |
| 食物繊維：6.2g | 塩分：0.7g |

食物繊維プラス　塩分控えめ　500kcal以下

## ハムときゅうりのパスタサラダ

［パスタサラダ］ 10分

**材料（2〜3人分）**

ゼンブヌードル（細麺）…… 1束
きゅうり（細切り）…… 1/2本分
ハム（細切り）…… 3枚分
マヨネーズ …… 大さじ3

**作り方**

1. ゼンブヌードル（細麺）は半分に折り、沸騰した湯で5分ゆでる。ざるに上げ、氷水につけてしめ、水気をしっかり切る。
2. ボウルに手でやさしく絞って水気をしっかり切ったヌードル、きゅうり、ハム、マヨネーズを入れて和え、器に盛り付ける。

## ツナとトマトのパスタサラダ

［パスタサラダ］ 10分

**材料（1〜2人分）**

ゼンブヌードル（細麺）…… 1束
ミニトマト …… 5個
きゅうり …… 1/4本
A
- オリーブオイル …… 大さじ2
- 酢（またはレモン汁）…… 大さじ2
- 砂糖 …… 小さじ1
- 塩 …… 少々
- 粗びき黒こしょう …… 少々

ツナ缶 …… 1/2缶（40g）

**作り方**

1. ミニトマトは4つに切り、きゅうりは半月切りにする。Aを混ぜ合わせ、ドレッシングを作る。
2. 鍋に湯を沸かし、沸騰したら、ゼンブヌードル（細麺）を半分に折って入れ、4〜5分ゆでる。ざるに上げ、氷水につけてしめ、水気をしっかり切る。
3. ボウルで②、ミニトマト、きゅうり、油を切ったツナを和えて器に盛り、①のドレッシングをかける。

| カロリー：317kcal | |
|---|---|
| たんぱく質：11.5g | 糖質：23.9g |
| 食物繊維：6.4g | 塩分：0.4g |

食物繊維プラス　塩分控えめ　500kcal以下

# じゃがいもとヌードルのガレット

［アレンジパスタ］ 20分

| カロリー：261kcal | |
|---|---|
| たんぱく質：11.8g | 糖質：31.6g |
| 食物繊維：6.8g | 塩分：0.7g |

食物繊維プラス　500kcal以下　塩分控えめ

### 材料（2人分）

ゼンブヌードル（丸麺）…… 1束
じゃがいも …… 1個
ピザ用チーズ …… 30g
塩、こしょう …… 各少々
サラダ油 …… 大さじ1/2
パセリ（みじん切り）…… 少々
トマトケチャップ …… お好みで

### 作り方

1. じゃがいもはよく洗って細切りにする。
2. ゼンブヌードル（丸麺）は沸騰した湯で7分ゆでる。ざるに上げて、水でサッと洗い、水気を切ってボウルに入れる。
3. ②のボウルに①、ピザ用チーズを入れ、塩、こしょうをふり、混ぜ合わせる。
4. フライパンにサラダ油を熱し、③を平らに広げて弱めの中火でこんがりと両面を焼く。
5. 両面がきつね色に焼けたら、器に盛り付け、パセリをふる。お好みでケチャップをかける。

# フライパンで簡単パスタグラタン

カロリー：317kcal
たんぱく質：15.5g　糖質：25.2g
食物繊維：7.1g　塩分：1.9g
食物繊維プラス
500kcal以下

［アレンジパスタ］　15分

グラタンの難しい工程をカットした
フライパンひとつで作るパスタグラタン

**材料（2人分）**

- ゼンブヌードル（丸麺）…… 1束
- 水 …… 100mℓ
- しめじ …… 1/2袋（50g）
- ベーコン …… 2枚（30g）
- たまねぎ …… 1/4個
- バター …… 5g
- 牛乳 …… 100mℓ
- 塩 …… 小さじ1/3
- こしょう …… 少々
- ピザ用チーズ …… 適量
- パセリ …… 適量

**作り方**

1. しめじは石づきを取ってほぐし、ベーコンは食べやすい大きさに切り、たまねぎは薄切りにする。
2. 直径20cmくらいの小さめのフライパンにバターを熱し、①を加えて炒め、水、牛乳、半分に折ったゼンブヌードル（丸麺）を加えて7分弱火で煮る（途中水分が足りなくなったら、水を足す）。
3. とろみがついてきたら、塩、こしょうで味を調える。チーズをかけ、火を止めてふたをしてチーズを溶かし、パセリをふる。

# おつまみヌードルピザ

ツナや納豆＋カットねぎ＋のりなどの
和風テイストにアレンジしても◎

カロリー：383kcal
たんぱく質：14.7g　糖質：23.2g
食物繊維：6.1g　塩分：1.2g
食物繊維プラス
500kcal以下

［アレンジパスタ］　25分

**材料（2〜3人分）**

- ゼンブヌードル（丸麺）…… 1束
- 水 …… 400mℓ
- オリーブオイル …… 大さじ2
- トマトケチャップ …… 大さじ1
- ピザ用チーズ …… 40g
- ウインナー …… 2本
- 粗びき黒こしょう …… 適量
- パセリ（あれば）…… 適量

**作り方**

1. ゼンブヌードル（丸麺）は半分に折って耐熱容器に入れ、水を注ぎ、電子レンジ（600W）で8分30秒加熱する。ざるに上げてぬるま湯でサッと洗い、水気を切る。
2. 直径20cmぐらいの小さめのフライパンにヌードルを移し、オリーブオイルを絡めて平らに広げる。中火にかけ、フライ返しで押し付けながら焼き、こんがりと焼き色がついたら裏返す。
3. ②の上面にケチャップを薄く塗り、チーズと輪切りにしたウインナーをのせる。ふたをして、チーズがしっかり溶けるまで弱めの中火で蒸し焼きにする。
4. ペーパータオルの上に取り出して余分な油を取り、粗びき黒こしょうとパセリをふって食べやすい大きさに切る。

# ゼンブヌードル プロ監修レシピ7選

名シェフや人気の料理家から、健康の専門家である管理栄養士まで。
食のプロの面々がゼンブヌードルのためにオリジナルレシピを考案！

NO.01

## ホテルニューオータニ監修

1964年創業の一流ホテル。環境に「やさしい」とお客さまの「うれしい」を両立させる「気づけばSDGs」活動に取り組む。

ケチャップにスパイスやウスターソース、味噌を使用し奥行きのある味わいに

カロリー：665kcal
たんぱく質：31.9g　糖質：75.1g
食物繊維：15.8g　塩分：6.9g

たんぱく質プラス　食物繊維プラス

## ナポリタン 温泉卵添え

20分

### 材料（1人分）

ゼンブヌードル（丸麺）…… 1束
サラダ油（またはオリーブオイル）…… 適量
ハム（大きめの棒状）…… 30g
たまねぎ（くし形切り）…… 1/4個分（50g）
パプリカ3種（赤・黄・緑/5mm幅に切る）…… 各1/8個
マッシュルーム（薄切り）…… 1個分
トマトケチャップ …… 大さじ6（90g）
味噌 …… 小さじ1
カレー粉 …… 少々
ウスターソース …… 大さじ1/2
しょうゆ …… 大さじ1/2
バター …… 小さじ1
温泉卵 …… 1個
パルメザンチーズ …… 適量
パセリ（みじん切り）…… 適量
粗びき黒こしょう …… 適量

### 作り方

1. ゼンブヌードル（丸麺）は、沸騰した湯で6分ゆでて水で洗い、水気を切る。オリーブオイル（分量外）を絡める。
2. フライパンにサラダ油またはオリーブオイルを中火で熱し、ハム、たまねぎ、パプリカ、マッシュルームをしんなりするまで炒める。
3. 具材をフライパンの端に寄せ、トマトケチャップと味噌を入れ、軽く水分を飛ばして具材と絡める。
4. ①を加えて炒め、カレー粉、ウスターソース、しょうゆ、最後にバターを加えて混ぜ、器に盛る。
5. ④にくぼみを作って温泉卵を落とし、パルメザンチーズ、パセリ、粗びき黒こしょうをふる。

ニューオータニ中国料理「大観苑」の黒岩シェフ考案
ヌードルはしっかりと水気を切るのがポイント

| カロリー：630kcal | |
|---|---|
| たんぱく質：30.0g | 糖質：59.4g |
| 食物繊維：15.4g | 塩分：4.4g |

たんぱく質プラス　食物繊維プラス

# 牛肉の黒味噌焼きそば

40分

## 材料（1人分）

ゼンブヌードル（丸麺）…… 1束
ねぎ油 …… 小さじ1程度

A
- 牛ひき肉（粗びき）…… 60g
- 豆板醤（トウバンジャン）…… 5g
- しょうが（みじん切り）…… 少々
- にんにく（みじん切り）…… 少々

B
- たけのこ水煮（5㎜の角切り）…… 15g
- 干ししいたけ（水でもどして5㎜の角切り）…… 15g
- 長ねぎ（みじん切り）…… 15g

C
- 甜麺醤（テンメンジャン）…… 35g
- しょうゆ …… 小さじ1
- 酒 …… 小さじ1/2

水溶き片栗粉 …… 適量
ごま油 …… 小さじ1

〈トッピング〉
白髪ねぎ …… 適量
しょうが（千切り）…… 適量
きゅうり（千切り）…… 適量
パクチー …… 適量

## 作り方

1. ゼンブヌードル（丸麺）は沸騰した湯で6分ゆでる。ゆで汁を40g取って、ヌードルは流水ですすぎ粗熱を取る。しっかりと水切りしたら、ヌードル同士がつかないようにごま油（分量外）を少しまぶし、ざるに入れて10分置いて、ヌードルの水分をしっかり飛ばす。
2. 鍋にねぎ油をひき、Aを炒め、火が通ったらBを入れる。
3. 全体に火が通ったら①のゆで汁、Cを入れて味付けをする。味が調ったら水溶き片栗粉でとろみをつけ、仕上げにごま油で香りづけする。
4. 鍋にごま油（分量外）をひき、まぶした油をよく切った①のヌードルを中火で焼く。フライパンの中で菜箸で円を描くように形を整えながらヌードルをゆすり、片面のみを焼く。焼いた面がきつね色・パリパリになったら油をよく切って、ほぐしながら器に盛る。
5. ヌードルの上に③を盛り付け、その上に白髪ねぎ、しょうがときゅうりの千切り、パクチーをトッピングする。お好みでラー油と酢（各、分量外）をかけて味の変化を楽しむ。

NO.02

# 龍圓(りゅうえん)監修

食材の味を極限まで引き出し、五感で楽しめる中華料理を提供。1993年、栖原（すはら）一之シェフが地元、浅草に開業。

中華の名店「龍圓」栖原シェフ考案
練りごまの香り、西京味噌の旨みと
甘みがたまらない

カロリー：941kcal
たんぱく質：45.9g　糖質：78.6g
食物繊維：20.7g　塩分：11.7g

たんぱく質プラス　食物繊維プラス

## 冷たい担々麺

20分

### 材料（1人分）

ゼンブヌードル（丸麺）……1束

A
- 無調整豆乳……150mℓ
- 水……100mℓ
- 白練りごま……50g
- しょうゆ……45g
- 西京味噌……25g
- 砂糖……12.5g
- 豆板醤……7.5g
- 酢……7.5g

B
- 豚ひき肉……50g
- 豆板醤……小さじ1/2
- 甜麺醤……小さじ1/2

青ねぎ（小口切り）……適量
ラー油……お好みで

### 作り方

1. Aを混ぜ合わせて、冷蔵庫で冷やしておく。
2. Bをフライパンに入れて弱火にかけ、へらでフライパンに押し付けながらしっかりと炒める。
3. 沸騰した湯でゼンブヌードル（丸麺）を10分ゆでる。
4. ゆであがったら、ざるに上げて、流水でぬめりを取る程度に軽く洗い、水気を切って器に盛り付ける。
5. ④に①のスープ、②の肉みそ、ねぎの順に盛り付け、お好みでラー油をかける。

NO.03

## CHOMPOO 監修

国内外のガストロノミーレストランで修業を積んだ森枝幹シェフプロデュース。日本の四季を感じる食材を楽しめるタイレストラン。

酸味と辛みの利いたトムヤムソースと
もちっとした食感のヌードルが相性抜群

カロリー：494kcal
たんぱく質：29.0g　糖質：46.4g
食物繊維：13.2g　塩分：4.7g

たんぱく質プラス　食物繊維プラス　500kcal以下

# エビトムヤムパスタ

20分

**材料（1人分）**

ゼンブヌードル（丸麺）…… 1束
エビ …… 2尾
イカゲソ …… 適量
ズッキーニ …… 1/2本
にんにく …… 1/2片
赤唐辛子 …… 1/2本
サラダ油 …… 大さじ1
トムヤムペースト …… 大さじ1
ナンプラー …… 小さじ2
パクチー …… お好みで

**作り方**

1. エビはあれば背ワタを取り、イカゲソは吸盤を掃除し、一口大にカットする。ズッキーニは輪切り、にんにくと赤唐辛子はみじん切りにする。
2. ゼンブヌードル（丸麺）は沸騰した湯で7分ゆで、ざるに上げて水洗いしてぬめりを取る。
3. フライパンにサラダ油、にんにく、赤唐辛子を入れて弱火にかけ、香りを出す。
4. にんにくが色づいたらトムヤムペースト、ナンプラーを加え、軽く炒めて香りを出す。
5. エビとイカゲソ、ズッキーニを加えて炒め、火が通ったら、ヌードルを加えて1～2分炒め合わせる。
6. 器に盛り付け、ちぎったパクチーをのせる。

NO.04

料理家
寺井幸也さん監修

彩り豊かな料理がＩｎｓｔａｇｒａｍで人気を博し、企業コラボのレシピ開発や雑誌のフードスタイリングなど「食」を起点にして多彩に活躍する。

レモンの苦みと香りをダイレクトに感じられる
しらすは大胆にたっぷり入れると幸福感ＵＰ

カロリー：472kcal
たんぱく質：27.5g　糖質：43.3g
食物繊維：14.4g　塩分：1.3g

グルテンフリー　たんぱく質プラス　食物繊維プラス　500kcal以下

# たっぷりしらすとマッシュルームのレモンパスタ

15分

**材料（1人分）**

ゼンブヌードル（丸麺）…… 1束
レモン …… 1/8個
にんにく …… 1/2片
青唐辛子 …… 1本
マッシュルーム …… 3個
オリーブオイル …… 大さじ1
しらす …… 50g
粗びき黒こしょう …… 適量
粉チーズ …… お好みで

**作り方**

1. ゼンブヌードル（丸麺）は沸騰した湯で6分ゆでる。ゆで汁は大さじ2取って、ヌードルはざるに上げて水洗いし、ぬめりを落とす。
2. レモンは3㎜幅の輪切りにし、1枚を飾り用に取っておく。残りは、さらに4等分にカットする。
3. にんにく、青唐辛子はみじん切りにする。
4. マッシュルームは石づきの黒い部分を取り、5㎜幅にスライスする。
5. フライパンにオリーブオイルを入れて弱火にかけ、②のレモン、③のにんにく、青唐辛子を加え、フツフツさせてオイルに香りをうつす。
6. 香りが立ってきたら④のマッシュルーム、しらす、①のゆで汁を加え、全体がフツフツしたらヌードルを入れて全体を絡め、炒める。
7. 器に盛り付け、粗びき黒こしょう、粉チーズをお好みの量かけ、飾り用のレモンをのせて完成。

NO.05

スポーツ管理栄養士
佐藤彩香さん監修

企業や保育園で栄養カウンセリング、献立作成、栄養計算、店舗運営を経験し、その後独立。現在はアスリート栄養サポート等で活動する。

三大栄養素※のバランスが一杯で整う！
酢の香りが食欲をそそる

カロリー：408kcal
たんぱく質：19.9g　糖質：46.1g
食物繊維：12.2g　塩分：3.7g

たんぱく質プラス　食物繊維プラス　500kcal以下

# 酸辣湯麵（サンラータンメン）

10分

**材料（1人分）**

ゼンブヌードル（丸麺）……1束
水……300mℓ
青ねぎ……2本
A 片栗粉……小さじ1
A 水……小さじ1
中華スープの素（粉末）……大さじ1
しょうゆ……小さじ2
酢……大さじ1
卵……1/2個
ごま油……小さじ1
ラー油……小さじ1

**作り方**

1. 沸騰した湯にゼンブヌードル（丸麺）を入れて7分ゆでる。
2. ねぎは小口切りにする。Aを合わせて水溶き片栗粉を作る。
3. 別の鍋に300mℓの水を入れて沸騰させ、中華スープの素、しょうゆ、酢を入れてスープを作る。
4. ①のゼンブヌードルをざるに上げて、ぬるま湯でサッと洗い、水気を切る。③に入れて、ひと煮立ちさせ、溶いた卵を回し入れる。
5. 水溶き片栗粉を④に回し入れてとろみをつける。器に盛り、②のねぎとごま油、ラー油を回し入れる。

※たんぱく質、脂質、糖質の3つ

NO.06

スポーツ料理研究家
村野明子さん監修

プロサッカーチームで18年間、選手の食を支えたレジェンド寮母。「SUNDAY MONDAY kitchen」オーナーシェフ。

すだちが爽やかに香るさっぱり和え麺
塩麹、塩昆布などの旨み食材を活用

カロリー：386kcal
たんぱく質：17.3g　糖質：48.0g
食物繊維：14.2g　塩分：1.5g

食物繊維プラス　500kcal以下

# 塩麹の和風和え麺

10分

## 材料（1人分）

ゼンブヌードル（丸麺）……1束
黒すりごま……小さじ1
三温糖……小さじ1
麺つゆ（2倍濃縮）……小さじ1
ほうれんそう……50g
塩昆布……5g
塩麹……3g
オリーブオイル……小さじ2
ミニトマト……1個
すだち……1/6個

## 作り方

1. ゼンブヌードル（丸麺）を沸騰した湯で7分ゆで始める。
2. 小さなボウルに黒すりごまと三温糖、麺つゆを入れて混ぜ合わせ、ほうれんそうのごま和えのたれを作る。
3. ヌードルをゆでている鍋に、根元の泥を落とすようしっかり洗ったほうれんそうを入れてサッとゆでる。
4. ほうれんそうを水にさらしてギュッと絞って3cmの長さに切り、②のボウルに入れて和える。
5. 麺がゆであがったら、ざるに上げて、ぬるま湯でサッと洗い、水気を切る。
6. ⑤のヌードルを別のボウルに入れ、塩昆布と塩麹、オリーブオイルを加えて和え、ごま和えも加えて混ぜ合わせる。
7. 4等分に切ったミニトマトと、すだちを添える。

# PART 3

# ラーメン・焼きそば

## RAMEN・YAKISOBA

ゼンブヌードルは、ラーメンやつけ麺、焼きそばとも
相性抜群なのをご存じですか？
健康のために控えがちなこれらのメニューも、
ゼンブヌードルならしっかり栄養を補えるので安心。
実は、公式サイトでも人気の高いジャンルなのです。

| カロリー：497kcal | |
|---|---|
| たんぱく質：33.3g | 糖質：45.3g |
| 食物繊維：13.8g | 塩分：2.9g |

たんぱく質 プラス　食物繊維 プラス　500kcal 以下

# ねぎだく塩ラーメン

10分

**材料（1人分）**

ゼンブヌードル（細麺）…… 1束
水 …… 500mℓ
鶏むね肉 …… 1/4枚（70g）
塩、こしょう …… 各適量
青ねぎ …… 6本
A
- 白いりごま …… 大さじ1
- ごま油 …… 大さじ1/2
- 鶏がらスープの素 …… 小さじ2
- おろしにんにく …… 小さじ1

**作り方**

1. 鶏むね肉は一口大のそぎ切りにし、塩、こしょう各少々をふる。青ねぎは、斜め薄切りにする。器に**A**を入れる。
2. 水を鍋に入れて火にかけ、沸騰したらゼンブヌードル（細麺）を加えて3分ゆでる。ゆであがる2分前に鶏むね肉を加えて火を通す。
3. ゆであがったら、ゆで汁を**A**が入った器に入れる。
4. ②のヌードルをざるに上げてぬるま湯でサッと洗い、水気を切って③の器に入れる。鶏むね肉、青ねぎをのせ、塩、こしょう各少々で味を調える。

# 豚とキャベツの辛味噌ラーメン

| カロリー：514kcal | |
| --- | --- |
| たんぱく質：33.4g | 糖質：47.2g |
| 食物繊維：14.5g | 塩分：3.8g |

たんぱく質プラス　食物繊維プラス

10分

**材料（1人分）**

ゼンブヌードル（丸麺）…… 1束
水 …… 500mℓ
キャベツ …… 1枚（100g）
豚肉小間切れ …… 80g
A
- 味噌 …… 大さじ1と1/2
- 鶏がらスープの素 …… 小さじ1
- おろしにんにく …… 小さじ1

豆板醤 …… 小さじ1
ごま油 …… 適量

**作り方**

1. キャベツは食べやすい大きさに切る。鍋に水を入れて火にかけ、沸騰したら、ゼンブヌードル（丸麺）を入れ（鍋に入れにくい場合は半分に折る）、7～8分ゆでる。
2. ゆであがり2分前に、豚肉、キャベツを加える。
3. ゆであがったら、Aを加えて味付けをする。器に盛り付け豆板醤をのせて、ごま油を回しかける。

※栄養成分はつゆを60％摂取する場合

カロリー：389kcal
たんぱく質：21.9g　糖質：49.5g
食物繊維：12.6g　塩分：2.6g

たんぱく質プラス　500kcal以下　食物繊維プラス

# たまねぎとハムのミルクスープヌードル

10分未満

**材料（1人分）**

ゼンブヌードル（丸麺）…… 1束
水 …… 400㎖
たまねぎ …… 1/4個
ハム …… 2枚
牛乳 …… 100㎖
塩 …… 小さじ1/3
粗びき黒こしょう …… 少々

**作り方**

1. 鍋に水を入れて火にかけ、沸騰したらゼンブヌードル（丸麺）を半分に折って入れ、食べやすい大きさに切ったたまねぎ、ハムを入れて、7分ゆでる。
2. ゆで時間が残り2分のところで牛乳を加え、7分たったら、塩で味を調える。
3. 器に盛り付け、粗びき黒こしょうをふる。

# なんでも野菜のお手軽ちゃんぽん

10分

**材料（1人分）**

ゼンブヌードル（丸麺）…… 1束
水 …… 400㎖
カット野菜 …… 100g
豚肉小間切れ …… 60g
A 牛乳 …… 大さじ1
　鶏がらスープの素 …… 大さじ1
　おろしにんにく …… 少々
　こしょう …… 少々

**作り方**

1. 鍋に水を入れて火にかけ、沸騰したら半分に折ったゼンブヌードル（丸麺）と野菜、豚肉を加えて7分ゆでる。
2. 器にAを入れる。
3. 7分たったら、ゆで汁だけ先に②の器に注いで調味料を溶かし、ヌードルと具材も入れてひと混ぜする。

カロリー：441kcal
たんぱく質：29.0g　糖質：47.4g
食物繊維：13.6g　塩分：4.4g

たんぱく質プラス　500kcal以下　食物繊維プラス

カロリー：478kcal

たんぱく質：28.0g　糖質：45.8g

食物繊維：14.7g　塩分：4.9g

たんぱく質プラス　食物繊維プラス　500kcal以下

# たっぷりきのこ しょうがラーメン

10分

**材料（1人分）**

ゼンブヌードル（丸麺）…… 1束
水 …… 500mℓ
豚肉小間切れ …… 50g
しいたけ …… 2枚
えのきだけ …… 小1/2パック（50g）
A
しょうゆ …… 小さじ2
鶏がらスープの素 …… 小さじ2
ごま油 …… 小さじ2
塩、こしょう …… 各少々
おろししょうが …… 小さじ1
長ねぎ（小口切り）…… 適量

**作り方**

1. 豚肉は食べやすい大きさに切る。しいたけは、軸を取って薄切りにし、えのきだけは石づきを切り、半分の長さに切る。
2. 鍋に水を入れて火にかけ、沸騰したらゼンブヌードル（丸麺）を入れ（鍋に入れにくい場合は半分に折る）、7分ゆでる。
3. ゆであがり4分前に、豚肉、しいたけ、えのきだけを加え一緒にゆでる。ゆであがったら、Aを加え、器に盛っておろししょうがとねぎをのせる。

# さっぱり梅と大葉の和ラーメン

カロリー：331kcal

たんぱく質：17.8g　糖質：43.5g

食物繊維：13.5g　塩分：2.7g

食物繊維プラス　500kcal以下

10分

**材料（1人分）**

ゼンブヌードル（丸麺）…… 1束
水 …… 400㎖
大葉 …… 4枚
鶏がらスープの素
　…… 小さじ1と1/2
白いりごま …… 大さじ1
梅干し …… 1個

**作り方**

1. 大葉は千切りにする。鍋に水を入れて火にかけ、沸騰したら、ゼンブヌードル（丸麺）を半分に折って入れ、7〜8分ゆでる。
2. 鶏がらスープの素、いりごまを加えて味を調え、器に盛り付ける。
3. 梅干し、大葉をのせる。

## たんぱく質たっぷり鶏塩ラーメン

🕒 10分

**材料（1人分）**

ゼンブヌードル（丸麺）…… 1束
水 …… 600mℓ
塩 …… 小さじ1/2
鶏ささみ …… 2本
半熟ゆで卵 …… 1個
青ねぎ（小口切り）…… 適量
こしょう …… 少々
ごま油（またはラー油）…… お好みで

**作り方**

1. 鍋に水を入れて火にかけ、沸騰したら塩を入れ、ささみとゼンブヌードル（丸麺）を加えて7分ゆでる。
2. ささみを取り出し、食べやすい大きさにさく。
3. ヌードルをゆで汁ごと器に盛り付け、ささみ、半分に切ったゆで卵、ねぎをのせ、こしょうをふり、お好みでごま油やラー油を回しかける。

## 旨辛しょうゆラーメン

🕒 10分

**材料（1人分）**

ゼンブヌードル（丸麺）…… 1束
水 …… 500mℓ
小松菜 …… 1株（40g）
エリンギ …… 1本（40g）

A
- しょうゆ …… 小さじ2
- 鶏がらスープの素 …… 小さじ1
- 豆板醤 …… 小さじ1
- おろしにんにく …… 小さじ1

ラー油 …… 適量

**作り方**

1. 小松菜はキッチンバサミ等で食べやすい大きさに切る。エリンギは、食べやすい大きさに縦にさく。
2. 鍋に水を入れて火にかけ、沸騰したら、ゼンブヌードル（丸麺）を半分に折って入れ、7〜8分ゆでる。ゆであがり1分前に、小松菜、エリンギを加える。
3. ゆであがったら、Aを加えて味付けをする。
4. 器に盛り付け、ラー油を回しかける。

カロリー：312kcal
たんぱく質：18.2g　糖質：44.5g
食物繊維：14.2g　塩分：4.5g
たんぱく質プラス　500kcal以下　食物繊維プラス　脂質控えめ

カロリー：314kcal
たんぱく質：16.1g　糖質：42.7g
食物繊維：12.9g　塩分：4.1g

食物繊維プラス　500kcal以下

# わかめラーメン

10分

材料（1人分）

ゼンブヌードル（細麺）……1束
水……500㎖
A
- わかめ（乾燥）……3g
- 鶏がらスープの素……小さじ2
- ごま油……小さじ1
- 塩、こしょう……各少々

青ねぎ（小口切り）……適量

作り方

1. 鍋に水を入れて火にかけ、沸騰したらゼンブヌードル（細麺）を入れて3分加熱する。
2. 器にAを入れる。
3. 3分たったら、火を止め、ゆで汁だけ②の器に注いで、スープを作る。
4. ヌードルを流水で軽く洗い、水気を切って、③の器に入れる。ねぎを散らす。

# ゆず塩野菜
# 煮込みそば

10分

| カロリー：515kcal | |
|---|---|
| たんぱく質：31.5g | 糖質：44.0g |
| 食物繊維：13.4g | 塩分：3.4g |

たんぱく質プラス　食物繊維プラス

**材料（1人分）**

ゼンブヌードル（丸麺）…… 1束
水 …… 500mℓ
豚肉小間切れ …… 80g
塩、こしょう …… 各適量
白菜 …… 1枚（100g）
ごま油 …… 大さじ1/2
ゆずの皮（千切り）…… 適量
鶏がらスープの素 …… 小さじ2
おろししょうが …… 小さじ1

**作り方**

1. 豚肉は食べやすい大きさに切り、塩、こしょう各少々をふる。白菜は一口大に切る。
2. 小鍋に、ごま油を中火で熱し、豚肉、白菜を加え、豚肉の両面がきつね色になるまで炒める。
3. 鍋に水を入れて火にかけ、沸騰したらゼンブヌードル（丸麺）を加えて7〜8分ゆでる。
4. ゆずの皮、鶏がらスープの素、おろししょうがを加える。塩、こしょう各少々で味を調える。

とろとろに煮込んだ白菜と、豚肉、豆の旨みを味わえるコクのある一杯

# 冷やし納豆担々麺

10分

| カロリー：470kcal | |
|---|---|
| たんぱく質：24.4g | 糖質：51.7g |
| 食物繊維：14.1g | 塩分：2.1g |

たんぱく質プラス　食物繊維プラス　500kcal以下

### 材料（1人分）

- ゼンブヌードル（細麺）…… 1束
- A
  - 牛乳 …… 100㎖
  - 麺つゆ（2倍濃縮）…… 大さじ2
  - 白すりごま …… 大さじ2
  - ごま油 …… 大さじ1/2
  - おろししょうが …… 小さじ1
  - おろしにんにく …… 小さじ1
- ひきわり納豆 …… 1パック
- 水菜 …… 1/4株
- ラー油 …… お好みで
- 粗びき黒こしょう …… お好みで

### 作り方

1. ゼンブヌードル（細麺）は沸騰した湯で4～5分ゆでる。ざるに上げ、氷水につけてしめ、水気をしっかり切り、器に盛り付ける。
2. 混ぜたAを①に注ぎ、ひきわり納豆をのせる。3㎝長さに切った水菜を添え、お好みで、ラー油、粗びき黒こしょうを加える。

| カロリー：441kcal | |
|---|---|
| たんぱく質：19.8g | 糖質：58.0g |
| 食物繊維：11.9g | 塩分：2.8g |

たんぱく質プラス　500kcal以下　食物繊維プラス

## 水餃子ヌードル

10分未満

**材料（1人分）**

ゼンブヌードル（丸麺）…… 1束
水 …… 600㎖
水餃子（市販）…… 4個
青ねぎ …… 1本
塩 …… 小さじ1/3
ラー油（またはごま油）…… 適量

**作り方**

❶ 鍋に水を入れて火にかけ、沸騰したらゼンブヌードル（丸麺）を入れ、7分ゆでる。
❷ 途中、水餃子を表示のゆで時間に合わせて、①に加えて一緒に煮る。
❸ 7分たったら、3㎝長さに切ったねぎを加え、塩で味を調え、ラー油（またはごま油）を回しかける。

## トマトと豚バラの酸辣湯麺

10分

**材料（1人分）**

ゼンブヌードル（細麺）…… 1束
水 …… 500㎖
トマト …… 1/2個
豚バラ肉薄切り …… 50g
A
- 酢 …… 大さじ1
- しょうゆ …… 小さじ1
- ラー油 …… 小さじ2/3
- 鶏がらスープの素 …… 小さじ1/2
- 塩 …… 小さじ1/3

青ねぎ（小口切り）…… 適量

**作り方**

❶ トマトは乱切りにする。豚肉は1㎝幅に切る。
❷ 鍋に水を入れて火にかけ、沸騰したらゼンブヌードル（細麺）を加え、トマトと豚肉を加えて3分ゆでる。
❸ 器にAの材料を入れる。
❹ ヌードルがゆであがったら先にゆで汁を器に入れてかき混ぜ、ヌードルと具材を入れてねぎを散らす。

| カロリー：514kcal | |
|---|---|
| たんぱく質：23.3g | 糖質：45.9g |
| 食物繊維：12.9g | 塩分：3.6g |

たんぱく質プラス　食物繊維プラス

| カロリー：288kcal | |
|---|---|
| たんぱく質：17.2g | 糖質：44.2g |
| 食物繊維：12.5g | 塩分：2.7g |

グルテンフリー / 500kcal以下 / 食物繊維プラス / 脂質控えめ

## しじみとトマトのエスニックスープヌードル

10分未満（しじみの砂出しの時間はのぞく）

**材料（1人分）**

ゼンブヌードル（丸麺）…… 1束
水 …… 500㎖
しじみ …… 50g
ミニトマト …… 3個
ナンプラー …… 小さじ2
豆苗 …… 適宜

**作り方**

1. 鍋に水を入れて火にかけ、沸騰したら半分に折ったゼンブヌードル（丸麺）、砂出しをして洗ったしじみ、半分に切ったミニトマトを加え、7分ゆでる。
2. ナンプラーを加え、器に盛り付け、2㎝長さに切った豆苗をのせる。

## サラダ感覚のフォー

10分

**材料（1人分）**

ゼンブヌードル（細麺）…… 1束
水 …… 600㎖
紫たまねぎ …… 1/8個
鶏がらスープの素 …… 小さじ1/2
ナンプラー …… 大さじ1
サラダチキン（薄切り）…… 1/2枚（50g）
ベビーリーフ …… 適量
ミニトマト（半分に切る）…… 3個
ライム …… 1/8個

**作り方**

1. 紫たまねぎは薄切りにする。
2. 小鍋に水を入れて火にかけ、沸騰したらゼンブヌードル（細麺）、鶏がらスープの素を加えて3分加熱する。
3. 仕上げにナンプラーを加え、器に盛り付け、サラダチキン、紫たまねぎ、ベビーリーフ、ミニトマト、ライムをのせる。

| カロリー：344kcal | |
|---|---|
| たんぱく質：28.9g | 糖質：45.6g |
| 食物繊維：12.7g | 塩分：5.3g |

たんぱく質プラス / 500kcal以下 / 食物繊維プラス / 脂質控えめ

レモンが爽やかに香るエスニックな汁麺
暑い日には氷を入れて冷やして食べても◎

カロリー：422kcal

| たんぱく質：29.3g | 糖質：47.7g |
|---|---|
| 食物繊維：15.8g | 塩分：5.8g |

たんぱく質プラス　食物繊維プラス　500kcal以下

# エビとレモンの エスニックヌードル

20分

**材料（1人分）**

ゼンブヌードル（細麺）…… 1束
しめじ …… 1/4パック（25g）
レモン（国産/薄切り）…… 4枚
むきエビ …… 50g
A
- 白すりごま …… 大さじ1と1/2
- ナンプラー …… 大さじ1
- 鶏がらスープの素 …… 小さじ1/2
- 赤唐辛子（小口切り）…… 少々
- こしょう …… 少々

しょうが（千切り）…… 1片
ミニトマト …… 3個
パクチー（4cm長さに切る）…… 適量
ラー油 …… お好みで

**作り方**

1. しめじは石突きを切り落とし、ほぐす。レモンは2枚は飾り用に残して、2枚は十字に切る。
2. むきエビはあれば背ワタを取り除き、水で洗って水気を拭き取る。
3. 鍋に湯を沸かし、ゼンブヌードル（細麺）を入れて4分ゆでる。ゆで汁を150mℓ取って、ざるに上げ、ヌードルを流水で洗い、水気をしっかりと切る。
4. 鍋にA、③のゆで汁を入れて中火で熱し、煮立ったら、しょうが、ミニトマト、しめじを加える。ふたをしてしめじがしんなりとするまで弱火で2分ほど煮る。むきエビ、レモンを加えてエビに火が通るまで1分ほど煮る。
5. 器にヌードルを盛って④をかけ、パクチーと飾り用のレモンをのせて、お好みでラー油を回しかける。

# 魚介だしのつけ麺

たんぱく質プラス　食物繊維プラス　500kcal以下

10分

**材料（1人分）**

ゼンブヌードル（丸麺）…… 1束

A
- 麺つゆ（2倍濃縮）…… 大さじ1と1/2
- 酢 …… 大さじ1/2
- 鶏がらスープの素 …… 小さじ1/2
- 塩 …… ひとつまみ
- おろししょうが …… 少々
- おろしにんにく …… 少々
- 長ねぎ（みじん切り）…… 適量
- かつお粉 …… 適量

お好みのトッピング（煮卵、のり、かいわれ大根など）…… 適量

**作り方**

1. ゼンブヌードル（丸麺）は沸騰したお湯で7～8分ゆでる。ゆで汁を残しておき、ヌードルをざるに上げて、ぬるま湯でサッと洗い、水気を切る。
2. Aと①のゆで汁100mℓを器に入れて混ぜ合わせ、つけつゆを作る。
3. ①のヌードルを別の器に盛り付け、お好みのトッピングをのせ、②のつゆにつけていただく。
4. ヌードルを食べ終わったら、残しておいたゆで汁をつけつゆに加えてスープとしていただく。

# カレーつけ麺

10分

**材料（1人分）**

ゼンブヌードル（細麺）…… 1束
豚肉小間切れ …… 50g
油揚げ …… 1/2枚
青ねぎ（斜め切り）…… 適量
カレールー …… 1片
麺つゆ（2倍濃縮）…… 大さじ2

**作り方**

1. ゼンブヌードル（細麺）は沸騰したお湯で3分ゆでる。ゆで汁を残しておき、ヌードルをざるに上げて、ぬるま湯でサッと洗い、水気を切って器に盛り付ける。
2. ①のゆで汁200mℓを鍋に入れて中火にかけ、沸騰したら食べやすい大きさに切った豚肉、油揚げ、ねぎを入れて加熱する。
3. 具材に火が通ったら、カレールーを溶かし、麺つゆを加える。別の器に注ぎ入れ、ヌードルをつけていただく。

カロリー：562kcal
たんぱく質：28.7g　糖質：53.9g
食物繊維：13.1g　塩分：4.1g
たんぱく質プラス
食物繊維プラス

麺つゆとカレールーで作る
そば屋さん風の一杯

サバの味噌煮缶を活用すれば
簡単につけだれが完成

カロリー：474kcal
たんぱく質：29.5g　糖質：49.6g
食物繊維：11.9g　塩分：1.8g
たんぱく質プラス
500kcal以下
食物繊維プラス

# サバ味噌つけ麺

10分

**材料（1人分）**

ゼンブヌードル（丸麺）…… 1束
A 麺つゆ（2倍濃縮）…… 大さじ1
A 酒 …… 大さじ1/2
A おろししょうが …… 少々
サバ缶（味噌煮）…… 1/2缶
青ねぎ（小口切り）…… 適量

**作り方**

1. ゼンブヌードル（丸麺）は沸騰したお湯で7〜8分ゆでる。ゆで汁を残しておき、ヌードルをざるに上げて、ぬるま湯でサッと洗い、水気を切る。
2. Aと汁気を切ったサバ缶、①のゆで汁100mℓを鍋に入れ、サバを崩しながら混ぜ合わせて火にかけ、沸騰したら器に注ぎ、ねぎをのせる。
3. ①のヌードルを別の器に盛り付け、②のつゆにつけていただく。
4. ヌードルを食べ終わったら、残しておいたゆで汁をつけつゆに加えてスープとしていただく。

# ソース焼きそば

15分

| カロリー：540kcal | |
|---|---|
| たんぱく質：29.9g | 糖質：47.9g |
| 食物繊維：13.5g | 塩分：1.7g |

たんぱく質プラス　食物繊維プラス

**材料（1人分）**

ゼンブヌードル（丸麺）…… 1束
豚肉小間切れ …… 70g
キャベツ …… 1/2枚（50g）
サラダ油 …… 大さじ1/2
もやし …… 1/3袋（70g）
塩、こしょう …… 各少々
ウスターソース …… 大さじ1
紅しょうが …… お好みで

**作り方**

1. 豚肉、キャベツは食べやすい大きさに切る。
2. ゼンブヌードル（丸麺）は沸騰した湯で7分ゆで、ざるに上げて、ぬるま湯でサッと洗い、水気を切る。
3. フライパンにサラダ油を中火で熱し、①、もやしを加えて炒め、塩、こしょうをふり、一度皿に取り出す。
4. ③のフライパンにヌードルを広げ入れ、中火で菜箸で円を描くようにヌードルをゆする。軽く焼き色がついたら、具材を戻し、ウスターソースを加えて炒め合わせる。
5. 器に盛り付け、お好みで紅しょうがを添える。

カロリー：891kcal

たんぱく質：35.3g　糖質：47.4g

食物繊維：13.1g　塩分：1.7g

# 広島風お好み焼き

20分

たんぱく質プラス　食物繊維プラス

**材料（1〜2人分）**

ゼンブヌードル（丸麺）…… 1束
水 …… 400mℓ
豚バラ肉薄切り …… 80g
塩、こしょう …… 各少々
キャベツ …… 1/2枚（50g）
サラダ油 …… 大さじ1
卵 …… 1個
A
- お好み焼きソース …… 適量
- マヨネーズ …… 適量
- かつお節 …… 適量
- 青のり …… 適量

**作り方**

1. 豚バラ肉は、6〜7cm長さに切り、塩、こしょうをふる。キャベツは千切りにする。
2. ゼンブヌードル（丸麺）は半分に折って大きめの耐熱容器に入れ、水を注ぎ、ラップをせずに電子レンジ（600W）で8分30秒加熱する。ヌードルは、ざるに上げて、ぬるま湯でサッと洗い、水気を切る。
3. フライパンにサラダ油を中火で熱し、卵を割り入れて、黄身をつぶし丸く形を整える。その上にキャベツ、豚バラ肉の順にのせる。
4. 卵が固まったら、上下を返し豚バラ肉がきつね色になるまで焼く。
5. 端に寄せ、②を空いているところに入れて丸く形を整え、④をヌードルの上にのせる。
6. ヌードルの表面がカリッとするまで1〜2分焼きつける。器に盛り、Aを適量かける。

# チンジャオロース風
# スタミナ焼きそば

15分

**材料（1人分）**

ゼンブヌードル（丸麺）……1束
豚肉小間切れ……70g
ピーマン……2個
ごま油……大さじ1
A
- オイスターソース……大さじ1
- 酒……大さじ1
- しょうゆ……大さじ1/2
- 砂糖……大さじ1/2
- おろしにんにく……小さじ1

塩、こしょう……各少々

**作り方**

1. 豚肉、ピーマンは細切りにする。
2. ゼンブヌードル（丸麺）は沸騰した湯で6分ゆでる。ざるに上げて、ぬるま湯でサッと洗い、水気を切る。
3. フライパンにごま油を中火で熱し、①を加えて炒め、具材に火を通す。**A**を加え、全体をサッと混ぜる。
4. ②を③に加え、サッと炒め合わせ、塩、こしょうで味を調える。

| カロリー：607kcal | |
|---|---|
| たんぱく質：31.2g | 糖質：54.2g |
| 食物繊維：13.2g | 塩分：4.5g |

たんぱく質プラス
食物繊維プラス

おいしい上にたんぱく質や食物繊維
ビタミンB1やビタミンCもチャージ◎

目玉焼きをのっけて
黄身を崩しながら食べると最高！

| カロリー：473kcal | |
|---|---|
| たんぱく質：24.2g | 糖質：41.6g |
| 食物繊維：12.6g | 塩分：3.6g |

グルテンフリー
食物繊維プラス
たんぱく質プラス
500kcal以下

# ナンプラー香るニラと
# 桜エビの塩焼きそば

20分

**材料（1人分）**

ゼンブヌードル（丸麺）……1束
ニラ……1/3束
卵……1個
ごま油……大さじ1
桜エビ……大さじ1
ナンプラー……大さじ1/2
塩……ひとつまみ

**作り方**

1. ゼンブヌードル（丸麺）は沸騰した湯で7分ゆでる。その間にニラを2〜3cm長さに切り、フライパンに薄くサラダ油（分量外）をひき、目玉焼きを焼く。
2. フライパンにごま油をひき、中火で桜エビを炒める。香りが出たら、ニラを入れ、湯切りしたヌードル、ナンプラー、塩を入れ、全体を混ぜ合わせるように炒める。
3. 2〜3分炒めたら、火を止め、器に盛り、目玉焼きをのせて完成。

# シーフードレモン<br>チャウメン

10分

カロリー：462kcal

たんぱく質：26.3g　糖質：48.1g

食物繊維：14.7g　塩分：2.0g

たんぱく質プラス　食物繊維プラス　500kcal以下

**材料（1人分）**

ゼンブヌードル（細麺）…… 1束
サラダ油 …… 大さじ1
パプリカ（赤）…… 1/4個
パクチー …… 適量
レモン …… 1/6個
にんにく（みじん切り）…… 1片分
赤唐辛子（小口切り）…… 少々
シーフードミックス …… 70g
もやし …… 50g
鶏がらスープの素 …… 小さじ1
こしょう …… 少々

**作り方**

1. ゼンブヌードル（細麺）は沸騰した湯で3分ゆで、ざるに上げて流水で洗って水気をしっかりと切り、大さじ1/2のサラダ油を絡める。
2. パプリカは細切りにする。パクチーはざく切りにする。レモンはくし形切りにする。
3. フライパンに残りのサラダ油を弱火で熱し、にんにくと赤唐辛子を焦がさないように炒め、香りが立ったら、シーフードミックス、パプリカ、もやしを入れて中火で炒める。
4. 具材に火が通ったら、①を入れて炒め、鶏がらスープの素、こしょうを加えて味付けをする。
5. 器に盛り付け、レモン、パクチーをのせる。

ネパール風焼きそばをゼンブヌードルで
スパイス控えめなおうち味にアレンジ

| カロリー：553kcal | |
| --- | --- |
| たんぱく質：38.5g | 糖質：51.0g |
| 食物繊維：13.1g | 塩分：4.0g |

たんぱく質プラス
食物繊維プラス

## ささみとアスパラガスの梅焼きそば

20分

**材料（1人分）**

ゼンブヌードル（丸麺）……1束
鶏ささみ……2本
グリーンアスパラガス……2本
A
- 梅干し……2個（種無し30g分）
- 酒……大さじ1
- しょうゆ……小さじ1
- 鶏がらスープの素……小さじ1/2
- 砂糖……小さじ1/2

サラダ油……大さじ1
酒……大さじ1

**作り方**

1. ささみは斜め薄切りにする。アスパラガスは下半分の皮をむき、斜め薄切りにする。Aを混ぜ合わせる。
2. ゼンブヌードル（丸麺）は沸騰した湯で7分ゆでる。ざるに上げて、ぬるま湯でサッと洗い、水気を切る。
3. 強火で熱したフライパンにサラダ油をひき、②、ささみ、アスパラガスの順でのせ、酒をふりかけてふたをして2分蒸し焼きにする。Aを加え、ほぐしながら和えて器に盛り付ける。

## キャベツとツナのゆずこしょう焼きそば

10分

**材料（1人分）**

ゼンブヌードル（丸麺）……1束
水……400mℓ
キャベツ……1枚（100g）
サラダ油……小さじ1
ツナ缶……1缶（80g）
ゆずこしょう……小さじ2/3

**作り方**

1. ゼンブヌードル（丸麺）は半分に折って耐熱容器に入れ、水を注ぎ、電子レンジ（600W）で8分30秒加熱する。
2. キャベツは太めの千切りにする。中火で熱したフライパンにサラダ油をひき、フライパン全体にキャベツを広げ、しんなりとしてきたら上下を返して炒め、火を止める。
3. ②に湯を切ったヌードル、油を切ったツナ、ゆずこしょうを加えて混ぜ合わせ、器に盛り付ける。

| カロリー：548kcal | |
| --- | --- |
| たんぱく質：31.2g | 糖質：43.3g |
| 食物繊維：13.6g | 塩分：1.1g |

グルテンフリー
食物繊維プラス
たんぱく質プラス
塩分控えめ

カロリー：618kcal

たんぱく質：28.0g　糖質：52.9g

食物繊維：13.8g　塩分：2.8g

# あんかけ焼きそば

たんぱく質プラス　食物繊維プラス

25分

材料（1人分）

ゼンブヌードル（丸麺）……1束
水……400mℓ
豚肉……60g
塩、こしょう……各少々
キャベツ……1/2枚（50g）
にんじん……20g
長ねぎ……15g
しいたけ……1枚
サラダ油……大さじ1と1/2
A
- オイスターソース……小さじ1
- しょうゆ……小さじ1
- 鶏がらスープの素……小さじ1/2
- 砂糖……小さじ1/2

B
- 片栗粉……小さじ2
- 水……小さじ4

作り方

1. ゼンブヌードル（丸麺）は半分に折って耐熱容器に入れ、水を注ぎ、電子レンジ（600W）で8分30秒加熱する。ゆで汁を150mℓ取っておく。
2. 豚肉は一口大に切り、塩、こしょうで軽く下味をつける。キャベツはざく切りに、にんじんは短冊切りに、長ねぎは斜め薄切りに、しいたけは石づきを取って薄切りにする。
3. 小さめのフライパン（直径20cm程度）にヌードルを移し、サラダ油大さじ1を全体に絡めて平らに広げる。中火にかけ、両面がパリッとするまでフライ返しで押し付けながら焼き、器に取り出す。
4. ①のゆで汁と**A**を混ぜ合わせる（ゆで汁が足りない場合は水を加える）。**B**を合わせて水溶き片栗粉を作る。
5. フライパンに残りの油を熱し、豚肉を炒める。肉の色が変わったら残りの具材を炒め、しんなりしたら**A**を加えてひと煮立ちさせる。水溶き片栗粉でとろみをつけ、③の上にかける。

捨てるのは、もったいない！

# 栄養を余さずとれる ゆで汁活用レシピ

ゼンブヌードルのゆで汁、捨てる前に一度ぜひ味わってみて。豆の風味が溶け出して、ほのかに豆の甘みや旨みがあるので、野菜だし代わりに料理に使えるのだ。冷蔵庫に残っている野菜を加えて、塩、こしょうで味を調えるだけで、スープの完成！ やさしい味わいなので、お好みのハーブなどで香りづけしたり、スパイスを加えるのもおすすめ。いろんな料理のベースのだしとして活用してみよう。

## 1. ゆで汁で作る基本の和洋中スープ

### 和風スープ

5分

| カロリー：47kcal | |
|---|---|
| たんぱく質：3.1g | 糖質：4.4g |
| 食物繊維：0.6g | 塩分：1.7g |

500kcal 以下

**材料（1人分）**

ゼンブヌードルのゆで汁 …… 250mℓ
お好みの具材（みつば、油揚げなど）…… 適量
しょうゆ …… 小さじ2程度

**作り方**

鍋にゆで汁を入れて火にかけ、沸騰したらお好みの具材を加えてしょうゆで味を調える。

＼こんなスープも！／

## ねばねば野菜のジンジャースープ

10分未満

**材料（1人分）**

ゼンブヌードルのゆで汁 …… 200㎖
オクラ …… 2本
わかめ（乾燥）…… 適量
しょうが（千切り）…… 少々
塩 …… ひとつまみ

**作り方**

❶オクラは輪切りにする。
❷鍋にゆで汁を入れて火にかけ、沸騰したら、①とわかめ、しょうがを加え、火が通ったら、塩で味を調える。

しょうがをアクセントに利かせたさっぱり風味のスープ

カロリー：23kcal
たんぱく質：1.4g　糖質：3.1g
食物繊維：1.9g　塩分：1.2g

グルテンフリー　脂質控えめ　500kcal以下

## 洋風野菜スープ

5分

カロリー：93kcal
たんぱく質：1.7g　糖質：7.6g
食物繊維：1.6g　塩分：1.3g

グルテンフリー　500kcal以下

**材料（1人分）**

ゼンブヌードルのゆで汁 …… 250㎖
オリーブオイル …… 適量
にんにく …… 適量
お好みの野菜（たまねぎ、セロリ、トマトなど）…… 適量
塩、こしょう …… 各適量

**作り方**

❶鍋にオリーブオイルを入れ、つぶしたにんにく、角切りにした野菜を加えて炒める。
❷①にゆで汁を加え、野菜が柔らかくなるまで加熱し、塩、こしょうで味を調える。

## 中華風かきたまスープ

5分

カロリー：139kcal
たんぱく質：7.9g　糖質：3.6g
食物繊維：0.6g　塩分：1.7g

グルテンフリー　500kcal以下

**材料（1人分）**

ゼンブヌードルのゆで汁 …… 250㎖
塩 …… 小さじ1/4程度
卵 …… 1個
ごま油 …… 小さじ1程度
青ねぎ（小口切り）…… 適量

**作り方**

❶鍋にゆで汁を入れて火にかけ、沸騰したら、塩で味を調える。
❷火を強くし、ぶくぶくと泡が出てきたら、溶いた卵を細く流し入れる。卵が浮いてきたら火を止め、ごま油を回しかけ、器に盛り付け、ねぎを散らす。

# 2. ゆで汁をだしとして活用

ゆで汁で

## なすの煮浸し

20分

| カロリー：183kcal | |
|---|---|
| たんぱく質：2.8g | 糖質：11.4g |
| 食物繊維：2.8g | 塩分：1.9g |

500kcal以下

**材料（2〜3人分）**

A
- ゼンブヌードルのゆで汁 …… 200mℓ
- しょうゆ …… 大さじ1と1/2
- みりん …… 大さじ1と1/2

なす …… 3本
サラダ油 …… 大さじ2
ししとう …… 3本

**作り方**

1. なすは縦半分に切り、味が染み込みやすいように斜めに切り込みを入れる。
2. フライパンにサラダ油を中火で熱し、①を入れて全体に油が回るように炒める。
3. なすがしんなりとしてきたら、Aとししとうを加えて軽く煮る。
4. ③を煮汁ごと器に盛り、粗熱が取れたら、ラップをかけて冷蔵庫で冷やす。

| カロリー：110kcal | |
|---|---|
| たんぱく質：8.7g | 糖質：3.0g |
| 食物繊維：0.9g | 塩分：1.4g |

500kcal以下

ゆで汁で

## 冷やし茶わん蒸し

15分

**材料（2人分）**

ゼンブヌードルのゆで汁 …… 300mℓ
卵 …… 2個
塩 …… 小さじ1/4
枝豆 …… 適量
ミニトマト …… 1個
白だし（吸い物程度に希釈したもの）…… 大さじ2

**作り方**

1. ボウルに卵を溶き、ゆで汁と塩を加えて泡立てないようにかき混ぜる。
2. 湯のみなどの耐熱容器に茶こしをのせ、①を注ぎ入れる。
3. ラップをして電子レンジ（500W）で3分加熱する（固まっていなかったら10秒ずつ追加して加熱する）。
4. 粗熱を取って冷蔵庫で冷やし、食べる直前に枝豆、スライスしたミニトマトをトッピングし、希釈した白だしをかける。

# PART 4

# いろいろ麺

IROIROMEN

和え麺や混ぜそばなどのアレンジ麺を、
ゼンブヌードルを使ってお家で作ってみませんか？
レストランで食べるような見た目にもおいしい一皿をぜひ味わってみてください。
夏の定番、そうめんもゼンブヌードルで代替できますよ。

カロリー：639kcal
たんぱく質：34.7g　糖質：48.1g
食物繊維：12.9g　塩分：4.1g

たんぱく質プラス　食物繊維プラス

# 台湾風まぜそば

10分

**材料（1人分）**

- ゼンブヌードル（細麺）…… 1束
- 水 …… 400mℓ
- ニラ …… 3本
- 豚ひき肉 …… 80g
- A
  - オイスターソース …… 大さじ1
  - 酒 …… 大さじ1
  - 豆板醤 …… 小さじ1
  - おろしにんにく …… 小さじ1
  - 粗びき黒こしょう …… 少々
- 刻みのり …… 適量
- 卵黄 …… 1個
- ごま油 …… 大さじ1/2
- ラー油 …… 適量

**作り方**

1. ニラはみじん切りにする。
2. 耐熱容器に、豚ひき肉、Aを入れて混ぜ平らにする。ふんわりとラップをして電子レンジ（600W）で2分加熱する。温かいうちにラップを取り、ニラを上にのせて軽く混ぜ、一緒に蒸らす。
3. 別の耐熱容器にゼンブヌードル（細麺）、水を入れ、電子レンジ（600W）で5分加熱する。ざるに上げて、ぬるま湯でサッと洗い、水気を切り、器に盛り付ける。
4. ③の上に刻みのり、②をのせ、卵黄をのせる。ごま油、ラー油をかける。

# 即席！　きゅうりとよだれ鶏の和え麺

カロリー：564kcal
たんぱく質：30.9g　糖質：50.7g
食物繊維：13.7g　塩分：3.4g

たんぱく質プラス　食物繊維プラス

10分

### 材料（1人分）

ゼンブヌードル（細麺）……1束
サラダチキン……1/2枚（50g）
きゅうり……1/2本
A
- 白いりごま……大さじ1
- しょうゆ……大さじ1
- 酢……大さじ1
- ごま油……大さじ1
- 砂糖……大さじ1/2
- ラー油……小さじ1
- おろしにんにく……小さじ1

パクチー……お好みで

### 作り方

1. サラダチキンは食べやすい大きさにさく。きゅうりは塩適量（分量外）をふり、板ずりして麺棒などで大きめに割る。
2. ゼンブヌードル（細麺）は沸騰した湯で4〜5分ゆで、ざるに上げ、氷水につけてしめ、水気をしっかり切り、器に盛り付ける。
3. ②に①、混ぜ合わせたAをかける。お好みでパクチーを散らす。

| カロリー：519kcal | |
|---|---|
| たんぱく質：33.5g | 糖質：44.7g |
| 食物繊維：13.8g | 塩分：0.5g |

グルテンフリー　食物繊維プラス　たんぱく質プラス　塩分控えめ

ゆずこしょうの辛みと香りで満足感がさらにアップ！ 塩分も控えめ◎

# キャベツとゆずこしょう鶏そぼろのまぜそば

10分未満

**材料（1人分）**

ゼンブヌードル（丸麺）……1束
キャベツ……120g
みつば……2本
サラダ油……小さじ1
鶏ひき肉……100g
ゆずこしょう……小さじ2/3
酒……小さじ2

**作り方**

1. キャベツは太めの千切り、みつばは2cm長さに切る。
2. ゼンブヌードル（丸麺）は沸騰した湯で7分ゆでる。ざるに上げて、ぬるま湯でサッと洗い、水気を切る。
3. 熱したフライパンにサラダ油を中火で熱し、鶏ひき肉をほぐしながら炒め、色が変わってきたらゆずこしょうを酒で溶いて加え、味付けする。
4. ③のフライパン全体にキャベツを広げ、しんなりとしてきたら上下を返して炒め、火を止める。
5. ④にヌードルを加えて混ぜ合わせ、器に盛り、みつばを散らす。

# キムチのり納豆和え麺

10分

**材料（1人分）**

ゼンブヌードル（細麺）……1束
白菜キムチ……50g
味付けぽん酢……大さじ1
マヨネーズ……大さじ1
ひきわり納豆……1パック
のり……適量
青ねぎ（小口切り）……適量
白いりごま……適量
ごま油……適量

**作り方**

1. キムチ、ぽん酢、マヨネーズをボウルに入れ、混ぜ合わせる。
2. ゼンブヌードル（細麺）は沸騰した湯で5分ゆで、ざるに上げ、氷水につけてしめ、水気をしっかり切る。
3. ②のヌードルを両手で握って絞り、さらに水分を切り、①のボウルに入れて和える。
4. 器に盛り付け、添付のたれを混ぜた納豆をのせ、のりをちぎってのせ、ねぎ、ごまを散らして、ごま油を回しかける。

包丁いらず、コンビニ食材ですぐできるレシピ！

| カロリー：485kcal | |
|---|---|
| たんぱく質：22.2g | 糖質：47.4g |
| 食物繊維：15.3g | 塩分：2.7g |

たんぱく質プラス　500kcal以下　食物繊維プラス

カロリー：430kcal

たんぱく質：26.7g　糖質：41.9g

食物繊維：12.2g　塩分：2.6g

たんぱく質プラス　食物繊維プラス　500kcal以下

# どっさりねぎの鶏塩まぜそば

10分

材料（1人分）

ゼンブヌードル（細麺）……1束
サラダチキン……1/2枚（50g）
長ねぎ（小口切り）……適量
塩……小さじ1/3
粗びき黒こしょう……お好みで
ごま油……大さじ1

作り方

1. ゼンブヌードル（細麺）は沸騰した湯で3分ゆでる。ざるに上げて、ぬるま湯でサッと洗い、水気を切り、器に盛り付ける。
2. ヌードルの上に、食べやすくさいたサラダチキン、ねぎをのせ、塩と粗びき黒こしょうをふり、ごま油を回しかける。

# サバとトマトの豆そうめん

🕒 15分

| カロリー：528kcal | |
|---|---|
| たんぱく質：34.7g | 糖質：49.0g |
| 食物繊維：12.9g | 塩分：2.8g |

たんぱく質プラス　食物繊維プラス

**材料（1人分）**

ゼンブヌードル（細麺）…… 1束
トマト …… 1/2個
大葉 …… 2枚
サバ缶（水煮）…… 1/2缶
麺つゆ（2倍濃縮）…… 大さじ2
オリーブオイル …… 適量

**作り方**

1. トマトは角切り、大葉は粗みじん切りにする。
2. ボウルに汁気を切ったサバ缶を入れ、食べやすい大きさにほぐし、①、麺つゆを加えて和える。
3. ゼンブヌードル（細麺）は沸騰した湯で5分ゆで、ざるに上げ、氷水につけてしめ、水気をしっかり切る。
4. ③を器に盛り付け、②をのせてオリーブオイルを回しかける。

カロリー：531kcal

たんぱく質：35.8g　糖質：44.2g

食物繊維：12.5g　塩分：3.8g

たんぱく質プラス

食物繊維プラス

# ヘルシー！オリーブオイル香る塩まぜそば

10分

**材料（1人分）**

ゼンブヌードル（丸麺）…… 1束
サラダチキン …… 1/4枚（30g）
A
- 長ねぎ（みじん切り）…… 1/4本分
- オリーブオイル …… 大さじ1
- 鶏がらスープの素 …… 小さじ2
- おろしにんにく …… 小さじ1

卵黄 …… 1個
刻みのり …… 適量
粗びき黒こしょう …… お好みで

**作り方**

1. サラダチキンは食べやすい大きさにほぐす。器に**A**を入れる。
2. ゼンブヌードル（丸麺）は、沸騰した湯で7〜8分ゆでる。ざるに上げて、ぬるま湯でサッと洗い、水気を切り、**A**が入った器に温かいうちに加えよく和える。
3. サラダチキン、卵黄、刻みのりをのせる。お好みで粗びき黒こしょうをふる。

# れんこんとひき肉の和えそば

15分

**材料（1人分）**

ゼンブヌードル（丸麺）…… 1束
サラダ油 …… 小さじ1
合いびき肉 …… 50g
れんこん …… 50g
A
- しょうゆ …… 小さじ2
- 砂糖 …… 小さじ2
- 豆板醤 …… 小さじ1/3

かいわれ大根 …… 少々

**作り方**

1. ゼンブヌードル（丸麺）は沸騰した湯に入れ、7分ゆで、ざるに上げて、ぬるま湯でサッと洗い、水気を切る。
2. フライパンにサラダ油を中火で熱し、ひき肉と薄い半月切りにしたれんこんを炒め、火が通ったら、**A**を加えて味付けをして火を止める。
3. ①のヌードルと根元を落としたかいわれ大根を②のフライパンに入れて和え、器に盛り付ける。

カロリー：451kcal

たんぱく質：25.1g　糖質：53.5g

食物繊維：12.8g　塩分：2.3g

たんぱく質プラス

500kcal以下

食物繊維プラス

# 豆腐ヌードルサラダ

たんぱく質プラス　食物繊維プラス　500kcal以下

10分

**材料（1人分）**

ゼンブヌードル（丸麺）…… 1/2束
水 …… 300mℓ
たまねぎ …… 1/8個
木綿豆腐 …… 1/2丁
A マヨネーズ …… 大さじ2
A 麺つゆ（2倍濃縮）…… 大さじ1
のり …… 1/4枚

**作り方**

1. 耐熱容器にゼンブヌードル（丸麺）を半分に折って入れ、水を回しかける。ラップをかけずに電子レンジ（600W）で8分30秒加熱する。
2. たまねぎはあればスライサーで薄切りにし、水にさらして水気を切る。豆腐はペーパータオルに包んで水気を拭く。**A**は合わせる。
3. ヌードルは、ざるに上げて、ぬるま湯でサッと洗い、水気を切って容器に戻し入れる。**A**の半量を加えてよく和え、器に盛る。
4. 豆腐を一口大に手でちぎってのせ、たまねぎをのせる。残りの**A**を回しかけ、ちぎったのりを散らす。

# 春キャベツの和え麺

カロリー：472kcal

| たんぱく質：19.3g | 糖質：43.4g |
| --- | --- |
| 食物繊維：13.5g | 塩分：2.1g |

グルテンフリー　たんぱく質プラス　食物繊維プラス　500kcal以下

15分

**材料（1人分）**

ゼンブヌードル（丸麺）…… 1束
春キャベツ …… 80g
桜エビ …… 5g
青ねぎ（2cm長さに切る）…… 2本
白いりごま …… 少々
ごま油 …… 大さじ1と1/2
塩 …… 小さじ1/3

**作り方**

1. ゼンブヌードル（丸麺）は沸騰した湯で7〜8分ゆでる。ざるに上げて、ぬるま湯でサッと洗い、水気を切り、器に盛り付ける。
2. ①の上に5mm幅に切った春キャベツと桜エビ、ねぎ、ごまを散らす。
3. 小さなフライパンにごま油を入れて中火で熱し、白い煙がふわっと立ってきたらキャベツの上に回しかけ、塩をふって全体を混ぜ合わせる。

味付けは塩とごま油だけでシンプルに
春キャベツで作るとよりおいしい

| カロリー：753kcal | |
|---|---|
| たんぱく質：30.2g | 糖質：50.1g |
| 食物繊維：14.3g | 塩分：3.6g |

たんぱく質プラス
食物繊維プラス

# ねぎたっぷり やみつき冷やし肉そば

15分

**材料（1人分）**

- ゼンブヌードル（細麺）……1束
- 水……400mℓ
- 豚バラ肉薄切り……80g
- 塩、こしょう……各少々
- 長ねぎ……1/3本
- ごま油……小さじ1
- A
  - 麺つゆ（2倍濃縮）……50mℓ
  - 水……50mℓ
  - 白いりごま……大さじ1
  - ラー油……小さじ1
- 刻みのり……ひとつかみ

**作り方**

1. 豚バラ肉は食べやすい大きさに切り、塩、こしょうをふる。ねぎは、縦半分に切り斜め薄切りにする。豚バラは、耐熱容器に重ならないように入れ、ごま油をかけて電子レンジ（600W）で2分加熱し、長ねぎと和えて一緒に蒸らす。
2. 別の耐熱容器にゼンブヌードル（細麺）、水を加え、電子レンジ（600W）で6分30秒加熱する。ざるに上げ、氷水につけてしめ、水気をしっかり切り、器に盛り付ける。
3. ①を②にのせ、混ぜ合わせた**A**をかけ、刻みのりをのせる。

# まぐろと納豆の にんにくしょうゆ まぜそば

10分

**材料（1人分）**

- ゼンブヌードル（丸麺）……1束
- 麺つゆ（2倍濃縮）……大さじ1
- おろしにんにく……少々
- まぐろの刺身……70g
- 納豆……1パック
- ラー油……少々
- 青ねぎ（小口切り）……適量
- 刻みのり……適量

**作り方**

1. 麺つゆとおろしにんにくを混ぜ、まぐろを漬けておく。
2. ゼンブヌードル（丸麺）は沸騰した湯で2分ゆでる。ざるに上げて、ぬるま湯でサッと洗い、水気を切り、器に盛り付ける。
3. ②に添付のたれを混ぜた納豆と①を漬け汁ごとのせ、ラー油をかけ、ねぎを散らしてのりをのせる。

| カロリー：482kcal | |
|---|---|
| たんぱく質：41.6g | 糖質：48.1g |
| 食物繊維：15.3g | 塩分：1.8g |

たんぱく質プラス
500kcal以下
食物繊維プラス

カロリー：310kcal

| たんぱく質：16.6g | 糖質：48.9g |
| --- | --- |
| 食物繊維：14.0g | 塩分：2.9g |

食物繊維プラス　500kcal以下　脂質控えめ

# 山形だし豆そうめん

10分（冷やし時間をのぞく）

**材料（1人分）**

ゼンブヌードル（細麺）…… 1束
オクラ …… 2本
しょうが …… 少々
みょうが …… 1個
大葉 …… 1枚
なす …… 1/4本
きゅうり …… 1/4本
麺つゆ（2倍濃縮）…… 大さじ3

**作り方**

1. オクラはゆでてみじん切り、しょうが、みょうが、大葉もみじん切りにする。なすときゅうりは3mm角に切る。
2. ボウルに①と麺つゆを入れて30分程度冷蔵庫に置いておく。
3. ゼンブヌードル（細麺）は沸騰した湯で4〜5分ゆでる。ざるに上げ、氷水につけてしめ、水気をしっかり切って器に盛り付ける。
4. ③のヌードルに②をかける。

# ふわとろ天津麺

| カロリー：622kcal | |
|---|---|
| たんぱく質：32.9g | 糖質：57.4g |
| 食物繊維：12.0g | 塩分：4.9g |

15分

たんぱく質プラス　食物繊維プラス

**材料（1人分）**

ゼンブヌードル（丸麺）……1束
かに風味かまぼこ……2本
卵……2個
ごま油……大さじ1
A
- 水……1/2カップ
- しょうゆ……大さじ1
- 砂糖……大さじ1
- 酢……大さじ1
- 片栗粉……小さじ1
- 鶏がらスープの素……小さじ1

**作り方**

1. ゼンブヌードル（丸麺）は沸騰した湯で7〜8分ゆでる。ざるに上げて、ぬるま湯でサッと洗い、水気を切り、器に盛る。
2. かに風味かまぼこは手でさく。ボウルに卵、かに風味かまぼこを入れてかき混ぜる。
3. フライパンにごま油を入れ、強めの中火でよく熱する。卵を一気に入れて大きくかき混ぜるように焼く。半熟状態になったら、①の上にのせる。
4. フライパンにAを入れて中火にかけ、ふつふつしてきたら弱火にし、とろみがつくまでかき混ぜる。③にかける。

砂糖：酢：しょうゆ＝1：1：1の黄金比で作る天津麺

# シャキシャキレタスと豚肉のスパイシー和え麺

10分

| カロリー：662kcal | |
|---|---|
| たんぱく質：28.0g | 糖質：49.4g |
| 食物繊維：13.9g | 塩分：2.8g |

たんぱく質プラス
食物繊維プラス

**材料（1人分）**

ゼンブヌードル（細麺）…… 1束
豚バラ肉薄切り …… 70g
レタス …… 1/4個
サラダ油 …… 大さじ1/2
A
- オイスターソース …… 大さじ1
- 酒 …… 大さじ1
- カレー粉 …… 小さじ1
- おろしにんにく …… 小さじ1

**作り方**

1. 豚バラ肉は食べやすい大きさに切る。レタスは少し大きめにちぎる。ゼンブヌードル（細麺）は沸騰した湯で3分ゆでる。ざるに上げて、ぬるま湯でサッと洗い、水気を切って器に盛り付ける。
2. フライパンにサラダ油を中火で熱する。豚バラ肉を加え、両面がきつね色になるまで焼く。豚バラ肉を端に寄せ、レタスを加えて1分焼きつける。混ぜたAを加えひと煮立ちさせ、サッと全体を和える。
3. 熱々の②を①の上にのせる。

カレー粉を利かせて
スパイシーで食欲をそそる一品に！

1日分の4分の3以上の鉄がとれる※
体にうれしい時短レシピ

| カロリー：510kcal | |
|---|---|
| たんぱく質：25.5g | 糖質：48.8g |
| 食物繊維：13.0g | 塩分：3.7g |

たんぱく質プラス
食物繊維プラス

# かいわれ大根とおかかのぶっかけそば

10分未満

**材料（1人分）**

ゼンブヌードル（細麺）…… 1束
かいわれ大根 …… 小1パック
ツナ缶 …… 1/2缶（40g）
A
- 麺つゆ（2倍濃縮）…… 50mℓ
- 水 …… 50mℓ

マヨネーズ …… 大さじ1
七味唐辛子 …… お好みで
かつお節 …… ひとつかみ

**作り方**

1. かいわれ大根は、根元を切る。ツナ缶は油を切る。
2. ゼンブヌードル（細麺）は、沸騰した湯で4〜5分ゆでる。ざるに上げ、氷水でしめ、水気をしっかり切り、器に盛り付ける。
3. ①を②にのせ、混ぜ合わせたAをかける。マヨネーズを添えて七味唐辛子をふり、かつお節をのせる。

※消費者庁「食品表示法に基づく 栄養成分表示のための ガイドライン」の「栄養素等表示基準値」参照（1日当たり、鉄6.8mg [18歳以上に限る]）

カロリー：475kcal

たんぱく質：27.1g　糖質：56.4g

食物繊維：15.0g　塩分：2.8g

たんぱく質プラス　食物繊維プラス　500kcal以下

# ひき肉のエスニック風まぜそば

25分

**材料（1人分）**

- ゼンブヌードル（丸麺）……1束
- きゅうり……1/2本
- パプリカ（黄、オレンジ）……各1/8個
- 紫キャベツ……1枚
- 紫たまねぎ……1/8個
- パクチー……適量
- ライム……1/4個
- サラダ油……小さじ1
- 鶏ひき肉……50g
- A
  - 水……大さじ1
  - 砂糖……大さじ1/2
  - ナンプラー……小さじ2
  - 酢……小さじ2
  - おろしにんにく……少々

**作り方**

1. きゅうり、パプリカは細切り、紫キャベツは千切り、紫たまねぎは薄切りにする。パクチーは食べやすい大きさに切り、ライムはくし形切りにする。
2. ゼンブヌードル（丸麺）は沸騰した湯で10分ゆで、ざるに上げて流水でしめる。水気を切って器に盛り付け、①を彩りよくのせる。
3. フライパンにサラダ油を中火で熱し、鶏ひき肉を加えてほぐしながら炒める。完全に火が通ったら、混ぜ合わせたAを加えて汁気がなくなるまで炒める。
4. ②に③をのせる。

# サラダチキンと
# トマトのヤムウンセン

カロリー：384kcal

| たんぱく質：31.3g | 糖質：53.2g |
| --- | --- |
| 食物繊維：13.7g | 塩分：9.2g |

グルテンフリー / たんぱく質プラス / 食物繊維プラス / 500kcal以下 / 脂質控えめ

10分

**材料（1人分）**

ゼンブヌードル（細麺）…… 1束
サラダチキン …… 1/2枚（50g）
トマト …… 1/2個
たまねぎ …… 1/8個
A
- ナンプラー …… 大さじ2
- レモン汁 …… 大さじ1
- 砂糖 …… 大さじ1/2
- おろしにんにく …… 小さじ1/2
- 塩、こしょう …… 各ひとつまみ
- 赤唐辛子（小口切り）…… 少々

パクチー …… 適量
レモン …… 1/6個

**作り方**

1. サラダチキンは食べやすい大きさにさく。トマトはくし形切りにする。たまねぎは薄切りにする。**A**をボウルで混ぜ合わせる。
2. ゼンブヌードル（細麺）は沸騰した湯で4〜5分ゆでる。ざるに上げて、氷水につけてしめ、水気をしっかり切り、**A**とよく混ぜ合わせる。さらに①のチキンと野菜を加え、全体をサッと和える。
3. ②を器に盛り付け、2cm長さに切ったパクチーを散らす。お好みで、くし形切りにしたレモンをのせる。

カロリー：454kcal
たんぱく質：29.0g　糖質：50.5g
食物繊維：15.5g　塩分：4.2g
たんぱく質プラス　500kcal以下　食物繊維プラス

# ねばとろ！　ばくだん風ぶっかけそうめん

10分

たくあんの食感がアクセントに
食欲のない日にもするする食べやすい

**材料（1人分）**

ゼンブヌードル（細麺）…… 1束
たくあん漬け …… 3切れ
きゅうり …… 1/4本
かいわれ大根 …… 1/4パック
ひきわり納豆 …… 1パック
卵 …… 1個
A 麺つゆ（2倍濃縮）…… 50mℓ
A 水 …… 50mℓ

**作り方**

1. たくあん漬け、きゅうりは1cm角に切る。かいわれ大根は根元を切り、食べやすい長さに切る。
2. ゼンブヌードル（細麺）は沸騰した湯で4〜5分ゆでる。ざるに上げ、氷水につけてしめ、水気をしっかり切り、器に盛り付ける。
3. ②に①、ひきわり納豆、卵をのせる。Aを混ぜ合わせてかける。

# 冷や汁風！たたききゅうりの香味和え麺

10分

**材料（1人分）**

ゼンブヌードル（細麺）…… 1束
水 …… 400mℓ
きゅうり …… 1/3本
みょうが …… 1個
大葉 …… 3枚
A 水 …… 100mℓ
A 味噌 …… 大さじ1
A 麺つゆ（2倍濃縮）…… 大さじ1
A 白すりごま …… 大さじ1

**作り方**

1. きゅうりは麺棒などで割る。みょうが、大葉は千切りにする。
2. ゼンブヌードル（細麺）を半分に折り、深さのある耐熱容器に入れ、水を加える。ラップをかけずに電子レンジ（600W）で6分30秒加熱する。ざるに上げ、氷水につけてしめ、水気をしっかり切る。
3. ②を器に盛り、混ぜ合わせたAをかけ、①を盛り付ける。

香ばしいごまの香りと薬味が
食欲をそそる冷や汁風の和え麺

カロリー：349kcal
たんぱく質：19.4g　糖質：46.6g
食物繊維：14.6g　塩分：3.2g
たんぱく質プラス　500kcal以下　食物繊維プラス

カロリー：445kcal
たんぱく質：24.6g　糖質：50.3g
食物繊維：13.5g　塩分：4.6g

たんぱく質プラス　食物繊維プラス　500kcal以下

# 豆そうめんでつくる冷麺

15分

材料（1人分）

- ゼンブヌードル（細麺）……1束
- A
  - 水……200mℓ
  - 麺つゆ（2倍濃縮）……大さじ2
  - 酢……大さじ1
  - 鶏がらスープの素……小さじ1
  - ごま油……小さじ1
- 白菜キムチ……50g
- きゅうり（細切り）……1/4本
- 半熟ゆで卵……1個
- 白いりごま……少々

作り方

1. Aを混ぜ合わせて冷蔵庫で冷やしておく。
2. ゼンブヌードル（細麺）は沸騰した湯に入れて4〜5分ゆでる。ざるに上げ、氷水につけてしめ、水気をしっかり切る。
3. 器に②を盛り、①を注ぎ、キムチ、きゅうり、ゆで卵、ごまをトッピングする。

# すだちの冷やし
# ぶっかけ豆そうめん

10分（かけつゆを冷やす時間をのぞく）

| カロリー：299kcal | |
|---|---|
| たんぱく質：16.4g | 糖質：45.4g |
| 食物繊維：15.2g | 塩分：2.8g |

食物繊維プラス　500kcal以下　脂質控えめ

**材料（1人分）**

ゼンブヌードル（細麺）……1束
A
- 水……200mℓ
- 白だし……大さじ1
- しょうゆ……大さじ1/2

すだち……1個
大根おろし……お好みで

**作り方**

1. Aの材料を混ぜ、薄切りしたすだちを浮かべて、冷蔵庫で冷やしておく。
2. ゼンブヌードル（細麺）は沸騰した湯で4〜5分ゆでる。ざるに上げ、氷水につけてしめ、水気をしっかり切る。
3. 器にヌードルを盛り付け、①のすだちをヌードルの上にのせ、つゆを注ぎ、お好みで大根おろしをのせる。

夏に食べたいさっぱりメニュー
すだち香る冷たいおだしでどうぞ

## ジャングルそば

カロリー：584kcal
たんぱく質：28.4g　糖質：52.1g
食物繊維：17.2g　塩分：3.3g

たんぱく質プラス
食物繊維プラス

15分

こんがり焼いた油揚げがアクセント
薬味たっぷりがおいしい

**材料（1人分）**

- ゼンブヌードル（丸麺）……1束
- 油揚げ……1/2枚
- みょうが……1個
- 大葉……5枚
- しょうが……1片
- かいわれ大根……1/2パック
- お好みのスプラウト……40g
- 白練りごま……大さじ1
- 麺つゆ（ストレート）……100mℓ
- くるみ（いったもの）……2粒

**作り方**

1. 油揚げはオーブントースターでこんがり焼き、短冊切りにする。
2. みょうがと大葉、しょうがは千切りにして水に5分ほどさらしてからざるにとり、水気をよく切る。
3. かいわれとスプラウトは根元を切り、ほぐす。
4. 練りごまを麺つゆで溶く。
5. ゼンブヌードル（丸麺）は沸騰した湯で7分ゆでる。ざるに上げて、ぬるま湯でサッと洗い、水気を切り、器に盛り付ける。
6. ①〜③をふんわり盛り付け、④をかけ、くだいたくるみを散らす。

## ねぎとしらすのぶっかけそうめん

10分

ごま油と黒こしょうがアクセント
パンチのある味わいに

**材料（1人分）**

- ゼンブヌードル（細麺）……1束
- しらす……25g
- 青ねぎ（小口切り）……適量
- 麺つゆ（ストレート）……50mℓ
- ごま油……大さじ1/2
- 粗びき黒こしょう……適量

**作り方**

1. ゼンブヌードル（細麺）は沸騰した湯で4〜5分ゆでる。ざるに上げ、氷水につけてしめ、水気をしっかり切り、器に盛り付ける。
2. しらす、ねぎをのせ、麺つゆ、ごま油を回しかけ、粗びき黒こしょうをふる。

カロリー：395kcal
たんぱく質：25.4g　糖質：46.4g
食物繊維：11.9g　塩分：3.4g

たんぱく質プラス
500kcal以下
食物繊維プラス

# 簡単！ 即、完成！ 卵かけゼンブヌードル

ゼンブヌードルを簡単に楽しむならこのレシピ。
食物繊維やたんぱく質もとれるメニューです。忙しい朝にもピッタリ。

## 基本の卵かけ ゼンブヌードル

10分未満

**材料（1人分）**

ゼンブヌードル（丸麺）…… 1束
卵 …… 1個
しょうゆ …… 適量
青ねぎ（小口切り）…… 適量

**作り方**

1. ゼンブヌードル（丸麺）は沸騰したお湯で7分ゆでる。ざるに上げて、ぬるま湯でサッと洗い、水気を切り、器に盛り付ける。
2. 卵をのせ、しょうゆをかける。ねぎを散らす。

基本の一杯に かつお節やのりをのせても◎

| カロリー：349kcal | |
|---|---|
| たんぱく質：21.9g | 糖質：41.5g |
| 食物繊維：11.8g | 塩分：1.1g |

たんぱく質プラス　500kcal以下　食物繊維プラス　塩分控えめ

**ARRANGE 1.**

基本の卵かけゼンブヌードル ＋ ツナ　かつお節

基本の卵かけゼンブヌードルの作り方①のヌードルの上に、ツナ（缶）とかつお節をのせ、卵1個を落とし、しょうゆを回しかけ、お好みでラー油をかける（卵以外は適量）。

## ARRANGE 2.

基本の卵かけゼンブヌードル ＋ チーズ パセリ

基本の卵かけゼンブヌードルの作り方①のヌードルの上に、ヌードルが熱いうちにチーズをのせ、チーズが溶けたら卵1個をのせてしょうゆを回しかけ、みじん切りにしたパセリをふる（卵以外は各適量）。

## ARRANGE 3.

基本の卵かけゼンブヌードル ＋ バター 黒こしょう

基本の卵かけゼンブヌードルの作り方①のヌードルの上に、ヌードルが熱いうちに卵1個、バターをのせ、しょうゆを回しかけ、粗びき黒こしょうをふる（卵以外は各適量）。

## ARRANGE 4.

基本の卵かけゼンブヌードル ＋ ツナ マヨネーズ

基本の卵かけゼンブヌードルの作り方①のヌードルの上に、ツナ（缶）、卵1個、マヨネーズをのせ、しょうゆを回しかける（卵以外は各適量）。

## ARRANGE 5.

基本の卵かけゼンブヌードル ＋ わさび のり

基本の卵かけゼンブヌードルの作り方①のヌードルの上に、卵1個をのせ、しょうゆを回しかけ、わさび少々と刻みのりをトッピングする（卵、わさび以外は各適量）。

監修

**株式会社 ZENB JAPAN**

「おいしさ」と「からだにいい」をともに叶え、人と社会と地球の健康に貢献する新しい食生活の実現を目指していきたいという想いで立ち上げたミツカングループの新ブランド。黄えんどう豆からできたゼンブヌードルシリーズは、SNSを中心に話題になり、発売して4年足らずで累計1500万食を超え、「Amazonの麺類・パスタの売れ筋ランキング」で1位を獲得（1位の獲得日数が期間中最多[2024年6月10日～7月10日]）。有名人やインフルエンサーにも愛用者が多い。

**ZENB広報チームが知っている**
**からだにいいのにちゃんとおいしいPASTAベストレシピ140**


2024年10月17日　初版発行

監修　株式会社 ZENB JAPAN
発行者　山下 直久
発行　株式会社KADOKAWA
〒102-8177　東京都千代田区富士見2-13-3
電話 0570-002-301（ナビダイヤル）
印刷所　TOPPANクロレ株式会社
製本所　TOPPANクロレ株式会社





●お問い合わせ
https://www.kadokawa.co.jp/（「お問い合わせ」へお進みください）
※内容によっては、お答えできない場合があります。
※サポートは日本国内のみとさせていただきます。
※Japanese text only

定価はカバーに表示してあります。




ISBN978-4-04-607135-4 C0077